하나님
임재 연습

Originally published in English under the title of
THE PRACTICE OF THE PRESENCE OF GOD

Copyright© 1985 by The Community of Jesus, Inc.
Published by Paraclete Press,
Brewster, Massachusetts 02653, U.S.A.

All rights reserved.

Korean Translation Copyright © 2008 by Kyujang Publishing Company

본 저작물의 한국어판 저작권은 Paraclete 출판사와의 독점계약으로 규장이 소유합니다.
저작권법에 의하여 한국 내에서 보호를 받는 저작물이므로 무단 전재와 무단 복제를 금합니다.

하나님
임재 연습

로렌스 형제 지음
배응준 옮김

규장

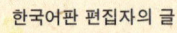
한국어판 편집자의 글

지극히 작은 일에 충성하여
이 땅에서 하나님을 보여준 사람!

예전에는 많이 불렀지만 지금은 잘 부르지 않는 찬송가 가사에 이런 내용이 있다.

"이름 없이 빛도 없이 감사하며 섬기리라"(찬송가 '부름 받아 나선 이 몸')

참 좋은 가사지만 요즘은 이 가사를 부담스러워하는 것 같다. 많은 사람들이 속으로는 이런 심정을 품고 주님의 일을 하고 싶어 하는 것은 아닐까?

"이름나고 빛도 나서 자랑하며 대접받으리라."

지금 기독교계에는 영웅주의와 영적 대박주의를 흠모하는

마음이 큰 것 같다. 적지 않은 크리스천들이 작은 일에 충성하기보다 큰일을 도모하여 사람들의 칭송을 받고 싶어 한다. 구제와 영성 역시 소위 '브랜드 구제'와 '브랜드 영성'을 추구하는 데 골몰하는 것을 본다. 사람들이 인정해주는 구제와 봉사 그리고 영성마저 사람들의 인기를 좇아 찾아다니며, 휘장을 두르고 카메라 세례 받기를 좋아한다.

그러나 정작 도움이 필요한, 이름 없이 빛도 없이 봉사하고 구제할 곳은 외면한다. 왜냐하면 그런 곳은 사람들의 이목이 집중되지도 않고 아무런 인정(認定)도 없는 구차스러운 곳처럼 보이기 때문이다.

그리스도만 존귀케 되기를

그러나 여기 오늘의 우리를 부끄럽게 만드는 사람이 있으니 바로 로렌스 형제이다. 그는 평생을 평수사(平修士)로 지냈고 수도원 주방에서 주방 일을 하며 하나님과 동행했다. 그는 접시를 닦고 음식을 만들면서 하나님의 임재를 연습했다. 그는 사람들이 비천한 일이라고 업신여기는 부엌일과 샌들 수선하는 일을 하면서 평생 끊임없이 하나님을 묵상하고 하나님과 깊은 대화를 나누었다. 그는 그 일을 기뻐하며 수행하였다. 부엌일이라고 해서 푸념하면서 하지 않았다. 그는 그 일들을 주님의 일로서 감당하여 말년에는 그 누구도 넘볼 수 없는 그리스도 성품의 사람, 그 속에 분명히 하나님이 임재해 계신 하나님의 사람이 되었다.

그러나 우리는 그리스도의 일을 빙자하여 큰일을 추구하고 슈퍼스타가 되려고 노력한다. 교회 일도 사람들이 인정해주는 일을 하려고 한다. 교회 식당 봉사와 같은 일은 잘 하려고 들지 않는다. 어떤 교회에서는 식당 봉사를 위해 사람을 사서 쓰기도 한다는 말을 들었다. 서로 앞에서 가르치려고만 하지 뒤에서 봉사하려고 하지 않기 때문이다. 우리의 교회 안에 '예수실현'이 아니라 '자아실현'의 풍조가 팽배해 있는 것 같다.

이런 영적 풍조에 로렌스 형제의 언행록인 이 책은 우리에게 선지자의 음성이 될 것이다. 이 책은 1692년에 초판이 발간된 이래로 세계적인 클래식 베스트셀러로 굳게 자리매김하였다. 규장에서 발간한 이 책은 가능한 한 로렌스 형제의 원문에 가깝게 번역하려고 노력하였고, 그간 한국에 소개되지 않은, 로렌스 형제의 친구인 보포르 수도원장이 로렌스 형제의 생애와 영성에 대해 밝힌 글을 추가로 수록했다(이 책 맨 앞에 소개되었다).

이 글은 너무나 귀한 자료이다. 여기서 우리는 그동안 잘 알려지지 않은 로렌스 형제의 감동적인 생애와 행적을 더 자세히 알 수 있다. 저자를 잘 알아야 저자의 글을 잘 알 수 있다는 것은 불문가지(不問可知)의 사실이다. 이 글은 그런 면에서 기여하는 바가 크다.

로렌스 형제의 《하나님 임재 연습》(The Practice of the Presence of God)은 '자아 추구'와 '세상 명성 추구'에 함몰된 우리의 영적 현실에 큰 각성제가 될 것이다. 그의 임재 연습은 모든 그리스도인들이 가야 할 길을 보여준다. 그의 자아는 그리스도와 더불어 십자가에 못 박혀 죽었다. 그리하여 그 안에 살아 있는 것은 그가 아니라 바로 그리스도였다(갈 2:20). 또한 그는 그리스도와 더불어 한 번만 죽은 것이 아니라 날마다 죽었다(고전 15:31). 나는 죽고 그리스도는 매일 살아나는 것, 이것이 바로 로렌스의 길이요, 복음의 길이요, 마땅히 우리가 가야 할 길이다.

하나님은 이런 사람에게 날마다 나타나신다(임재하신다). 이런 사람은 날마다 하나님을 닮게 된다. 또 이런 사람은 자기 뜻대로 살지 않고 날마다 하나님과 대화하고 하나님을 묵상하며 작은 일에 충성하는 자가 된다. 자기 명예는 초개(草芥)와 같이 버리고 주님만이 존귀케 되기를 원하는 자가 되는 것이다.

"살든지 죽든지 내 몸에서 그리스도가 존귀히 되게 하려 하나니"(빌 1:20).

자, 이제 로렌스 형제의 《하나님 임재 연습》을 통해 소아적 (小兒的) 자아실현의 우상종교에서 벗어나 그리스도 실현, 오직 내 몸에서 그리스도만이 존귀하게 되는, 오직 하나님께만 영광 돌리는 'Soli Deo Gloria'의 자리로 나아가자!

규장 편집국장 김응국 목사

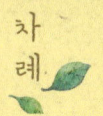

한국어판 편집자의 글

로렌스의 삶에서 예수 그리스도의 향기와 영성을 보다 /12

오직 믿음만을 삶의 길잡이로 삼으십시오
하나님을 향한 사랑으로만 나아가십시오
하나님 임재를 연습하는 삶은 어렵지 않습니다

진실한 대화를 통해 하나님 임재의 비밀을 발견하다 /48

자신을 하나님께 온전히 맡기십시오
모든 일을 오직 하나님을 사랑하는 마음으로 하십시오
하나님의 임재를 구하는 심령이 되십시오
매순간 하나님과 대화하고 도우심을 청하십시오

소중한 마음이 담긴 편지로 격려를 받다 /88

하나님 임재 연습을 통해 내면의 보화를 발견하십시오
하나님의 은혜로부터 결코 물러나지 않겠다고 결단하십시오
하나님과의 신령한 사랑의 교제를 중단하지 마십시오
가능하다면 매순간 하나님을 기억하십시오
왕이신 하나님의 품 안에 안기십시오
주님과 함께 있는데 무엇이 두렵겠습니까?
하나님을 더욱 신뢰하십시오

당신의 마음을 하나님의 임재 안에 가두십시오
하나님을 사랑하려면 하나님을 더 자주 생각하십시오
얼마든지 신뢰할 수 있는 친구와 사귀십시오
자신의 십자가 고통에 익숙해지십시오
하나님을 계속 생각하는 본성에 따르십시오
하나님은 당신을 결코 혼자 버려두지 않으십니다
하나님 안에 있는 위로가 아닌 다른 위로를 찾지 마십시오
고통 중에 하나님과 함께하는 것이 곧 천국입니다
하나님을 아는 것을 직무로 삼으십시오

거룩한 삶의 원칙에 관한 조언을 듣다 /164

심령과 마음을 하나님의 뜻에 굴복시키십시오
영혼 가장 깊은 곳에 계신 하나님을 믿으십시오
신령과 진정으로 하나님을 예배하십시오
하나님 임재를 연습하여 하나님과의 연합을 이루십시오
하나님의 임재 속에서 완벽한 자유를 누리십시오
온 마음을 다하여 하나님을 가장 사랑하십시오
하나님의 거룩한 임재 안에 거하는 은혜를 사모하십시오

하나님 임재 안에 거한 사람, 로렌스 형제를 기리며

로렌스의 삶에서
예수 그리스도의 향기와 영성을 보다 | 생애

🍃 로렌스 형제가 세상을 떠난 이듬해에, 그의 친구이자 평소 그를 칭송해마지 않
🍃 던 노아이유의 보포르 수도원장이 그를 기리는 송덕문과 그와 나눈 대화록을 출간했
고, 2년 뒤에 다시 로렌스 형제에 관한 논평을 곁들인 언행록을 출간했습니다. 이것은
하나님을 향한 순전한 사랑으로, 무슨 일을 하든지 온 마음과 정신을 하나님께 집중하
여 하나님의 임재 속에 살다 간 로렌스 형제의 생애와 영성에 대한 기록입니다.

오직 믿음만을
삶의 길잡이로 삼으십시오

하나님을 향한 헌신의 더없는 귀감

지금부터 기록하는 내용은 2년 전 파리의 '맨발의 까르멜 수도원'에서 세상을 떠난 로렌스 형제의 생애에 대해 직접 보고 들었던 복된 기억을 간추린 것입니다.

사람들이 그리스도인의 경건에 도달하기 위해 대부분 그릇된 길로 행하고 있는 지금, 하나님을 향한 헌신의 더없는 귀감으로 그를 제시하는 것이 우리 모두에게 실로 큰 유익이 되리라 생각합니다.

모든 말은 로렌스 형제가 직접 했습니다. 저는 그저 그와 대화를 나누며 들었던 말들을 전할 뿐입니다. 저는 그와의 대화가 끝날 때마다 즉시 그에게 들은 말들을 기록해두었습니다. 그래서 이 일이 가능했습니다. 성인(聖人)의 삶에 대해 성인 자신보다 더 잘 기술할 사람은 없습니다. 어거스틴의 '고백록'과 '편지'들은 다른 사람이 그에 대해 말할 수 있는 어떤 것보다 훨씬 더 자연스럽게 그의 삶을 기술하고 있습니다. 따라서 우리가 마땅히 따라야 할 신앙의 본(本)을 보인 이 하나님의 종에 대해 그 자신이 순전한 심령으로 직접 한 말보다 더 확실한 깨달음을 주는 것은 아무것도 없을 것입니다.

　로렌스 형제는 도덕적으로 매우 훌륭했지만 그렇다고 외곬으로만 흐르는 딱딱한 사람도 아니었습니다. 오히려 그는 상대방의 마음에 믿음을 주는 다정다감한 태도를 지니고 있었습니다. 그래서 그를 처음 본 사람이라도 마치 오랜 친구를 만난 것처럼 모든 것을 털어놓고 싶은 마음이 들곤 했습니다. 그는 사람들과 대화를 나눌 때 소탈했으며 언제나 아낌없는 친절을 보였습니다. 그가 말한 것들은 단순하면서도 언제나 온당했으며 분별력으로 가득했습니다. 그래서 사람들은 그의 투박한 시골

뜨기 외모의 이면에서 빛나고 있는 비범한 지혜를 보았고, 가난한 평수사가 소유하고 있으리라고 믿기 어려운 놀라운 자유를 목격했으며, 그에게서 예상할 수 있는 모든 것들을 능가하는 심오함을 발견하곤 했습니다.

로렌스 형제의 외모는 사실 볼품없었습니다만, 엄청난 일들을 능히 처리할 수 있는 마음을 갖고 있었기에 주변 형제들은 매사 그에게 조언을 구했습니다.

그는 저와의 대화에서 자신의 마음과 내적 행위의 뼈대에 대해 설명했습니다. 그의 회심(回心)은 하나님의 지혜와 능력에 대한 숭고하고도 고결한 깨달음과 함께 시작되었습니다. 이후에도 그는 다른 모든 생각을 깨끗이 잊으려고 부단히 노력함으로써 그 깨달음을 신중히 심화시켜 나갔습니다.

그때 하나님의 첫 번째 계시가 그의 거룩함의 기초가 되었으므로 그 점에 대해 먼저 살펴보는 것이 좋겠다고 생각됩니다.

우리의 훌륭한 원본

그에게 하나님을 깨닫게 해준 유일한 빛은 믿음이었습니다. 그는 신앙에 처음 입문했을 때뿐 아니라 일평생 하나님의 길을 걷는 동안 오직 믿음으로 배웠고 오직 믿음만을 삶의 길잡이로 삼았습니다. 그는 다른 사람들에게 들은 모든 것들, 책에서 읽은 모든 것들과 심지어 자신이 직접 기록한 것들조차 하나님과 예수 그리스도의 위대하심에 대해 믿음으로 깨달은 것에 비하면 실로 무의미하게 보인다고 제게 몇 번이나 말했습니다. 그는 종종 다음과 같이 말하곤 했습니다.

"하나님을 있는 그대로 우리에게 알려줄 수 있는 분은 오로지 하나님뿐이십니다. 우리는 훌륭한 원본을 제쳐놓고 조잡한 사본인 이성(理性)의 추론과 과학을 탐구합니다. 하나님께서는 우리의 영혼 가장 깊은 곳에 자신의 초상화를 그리십니다. 그러나 우리는 하나님을 보려고 하지 않습니다. 우리는 하나님을 홀로 내버려둔 채 어리석은 논쟁에 몰두합니다. 우리 안에 늘 계시는 우리의 왕과 대화하는 것을 귀하게 여길 줄 모릅니다.

하나님에 대한 책의 기록, 우리 영혼의 느낌, 날마다 변덕스레 오르락내리락하는 경건한 감정, 개인적인 영적 성찰 같은 것으로만 하나님을 사랑하고 아는 것으로는 충분하지 않습니다. 이 모든 것 대신 우리의 믿음이 더욱 생동하게 해야 합니다. 믿음으로 우리의 감정을 넘어서서 하나님과 예수 그리스도의 완전하심을 있는 그대로 경배해야 합니다. 이런 믿음의 길이야말로 교회가 추구해야 할 기본적인 정신이며, 우리가 그리스도의 완전함에 이르는 데 필요한 모든 것입니다."

로렌스 형제는 자신의 영혼에 임하여 계시는 하나님을 믿음으로 묵상하는 습관이 몸에 배어 있었을 뿐 아니라 무엇을 보든지, 무슨 일이 일어나든지 피조물 가운데 머물러 있는 자신의 생각을 즉각 들어 올려 창조주께 가지고 나아갔습니다. 이는 그가 열여덟 살 되던 해의 어느 차가운 겨울날 메마른 나무 한 그루를 보고 갑자기 자신의 심령을 하나님께 올려드리게 된 데서 비롯되었습니다. 당시 체험으로 그의 영혼에 피어난 하나님과의 사귐이 어찌나 감격스러웠던지, 40년이 지난 뒤에도 처음 그 순간처럼 강렬하게 생동했다고 하였습니다. 이렇게 그는 '믿음이 주는 지식'을 언제나 의지했고, 보이는 것들을 보되 오로지 보이지 않는 것들을 보기 위해서만 보았습니다.

이와 같은 이유로 그는 다른 어떤 책들(평소 그가 책을 많이 읽지는 않았습니다만)보다 복음서를 귀하게 여겼으며, 예수 그리스도께서 직접 하신 말씀을 통해 자신의 믿음을 더욱 순전하게 가꿀 수 있는 길을 발견했습니다.

일상의 임무를 수행하는 것과 기도는 다르지 않습니다!

로렌스 형제는, 믿음으로 하나님 임재를 연습해 나갔습니다. 그는 하나님을 향한 끝없는 사랑과 지속적인 예배 속에서 하나님과 끊임없이 대화했으며, 자기가 맡은 임무를 잘 감당하게 해달라고 계속 도움을 구했습니다. 그는 해야 할 일을 잘 감당한 후에는 하나님께 감사드렸으며, 태만히 행한 것이 있으면, 그가 종종 말한 것처럼 하나님께 "문책을 덜 당하기 위해" 자신의 사정을 변론하는 대신 오히려 과오를 솔직히 인정함으로써 하나님의 용서를 구했습니다. 그리고 일상의 임무를 수행하는 평범한 시간에도 하나님의 임재를 믿음으로 의식하는 이 헌신의 행위를 중단하지 않았습니다. 오히려 일상의 임무가 헌신의 행위를 위한 소재를 제공했기 때문에, 일상의 임무를 수행하는 동안 하나님의 임재 연습을 훨씬 쉽게 행할 수 있었고, 이 헌신의 행위는 일상의 임무를 등한히 하게 하기는커녕 오히려 신실하게 감당하도록 도왔습니다.

그렇지만 이런 방식의 삶이 쉽지 않아 처음에는 하나님의 임재에 대해 까맣게 잊은 채 몇 시간을 그냥 흘려보내기도 했습니다. 그러나 그는 겸손히 자신의 잘못을 인정한 뒤에 아무 걱

정도 하지 않고 다시 시작했습니다.

때로는 자신도 제어하기 어려운 잡다한 생각들이 한꺼번에 몰려와 그가 하나님을 생각할 수 없도록 훼방했지만, 그럴 때마다 그는 그런 생각들을 조용히 옆으로 제쳐놓고 하나님과의 정상적인 대화로 다시 돌아가곤 했습니다. 그가 이렇게 인내하자 마침내 하나님께서 그에게 '하나님을 지속적으로 의식하는 상태'에 도달하는 상급을 허락하셨습니다. 이로써 이전까지 행했던 다양한 행위와 임무조차, 그가 성령의 조명을 받은 사랑으로 단순하게 하나님을 보는 데 아무 방해가 되지 않았고 하나님의 임재를 즐거워하는 데만 마음을 쏟게 되었습니다. 그래서 로렌스 형제는 종종 이렇게 말하곤 했습니다.

"제게는 일상의 임무를 수행하는 시간과 기도 시간이 다르지 않습니다. 저는 부엌의 온갖 번잡함과 달그락거리는 소음 한가운데서도, 심지어 몇 사람이 동시에 여러 가지 다른 일을 시킬 때에도 마치 제단 앞에 무릎을 꿇고 있는 것처럼 조용하고 평온하게 하나님을 온전히 소유합니다. 때로는 제 믿음이 너무 찬란하게 빛나, 제가 본래 가졌던 믿음을 잃은 것이 아닌가 하는 생각이 들기도 합니다. 제게는 이 모든 것이, 마치 어둠의 커

틈이 오르고 그저 청명하기만 한 다른 삶의 끝없는 날들이 펼쳐지기 시작하는 것처럼 느껴집니다."

하나님과의 지속적인 대화에 주의를 집중하기 위해 다른 모든 생각들을 거부한 이 사랑스러운 형제의 신실함이 그를 데려간 곳이 바로 그곳입니다. 그에게는 하나님과 대화하는 것이 너무도 일상적인 일이라, 하나님과의 대화를 멈추고 다른 일에 관심을 쏟는 것이 불가능한 것처럼 느껴졌습니다.

똑똑하지 않아도 괜찮습니다!

로렌스 형제는 저와 나누었던 대화의 한 대목에서, 하나님의 임재를 부단히 의식하는 연습을 하는 것은 하나님을 향한 사랑으로, 마음으로 하는 것이지 머리나 말로 하는 게 아니라고 하면서 이 주제에 관해 중요한 말을 해주었습니다.

"하나님의 길에서 생각은 하나도 중요하지 않습니다. 하나님을 향한 사랑만 있으면 됩니다. 훌륭한 일들을 하는 것도 필요하지 않습니다. 저는 프라이팬에서 계란 프라이를 뒤집는 것도 하나님을 사랑하기 위해서 합니다. 그리고 그 일을 끝마쳤을 때 다른 할 일이 없으면 부엌 바닥에 꿇어 엎드려 그 일을 잘 할 수 있게 은혜를 베풀어주신 하나님을 경배합니다. 그렇게 기도 드린 후 다시 일어나면 세상 어떤 제왕(帝王)도 부럽지 않습니다. 하나님을 사랑하기 위해 할 수 있는 일이 그저 땅에서 지푸라기 한 가닥을 줍는 것 말고 아무것도 없다 해도 저는 그것으로 충분합니다.

사람들은 하나님을 사랑하는 법을 배우기 위한 방법을 탐색합니다. 그들은 가짓수를 헤아리기도 어려울 만큼 많은 훈련들을 통해 하나님을 사랑하는 데 도달하고자 합니다. 그들은 하나님의 임재 안에 머물기 위해 수많은 방법들을 동원하여 고되게 수고합니다. 그러나 그렇게 하는 것보다는 모든 것을 하나님을 사랑하는 마음으로 하는 것, 일상의 모든 임무를 수행하면서 하나님을 향한 사랑을 나타내는 것, 심령으로 하나님과 교제함으로써 하나님을 계속 생각하는 것이 더 단순하고 직접적이지 않겠습니까? 우리는 똑똑하지 않아도 괜찮습니다. 우리에게 필요한 것은 진지한 자세로 이렇게 한 번 시도해보는 것뿐입니다."

그러나 단지 우리의 일을 하나님께 바치고, 하나님의 도움을 구하고, 몇 가지 헌신의 행위를 보이는 것만으로 하나님을 사랑하기에 족하다고 생각해서는 안 됩니다. 로렌스 형제가

'하나님을 향한 온전한 사랑'의 상태에 도달할 수 있었던 것은, 그가 하나님을 기쁘시게 하지 못하는 것은 아무것도 생각하지 않고 말하지 않고 행하지 않기로 결단하고 처음부터 세심한 주의를 기울여왔기 때문입니다. 그래서 그는 하나님이 아닌 것은 무엇이든지 다 단념했으며 자신마저 완전히 포기했습니다. 그는 다음과 같이 말했습니다.

"저는 수도원에 들어온 이후, 제 자신의 덕행이나 구원에 대해 더 이상 생각하지 않았습니다. 저의 죄악 된 행실을 바로잡기 위해 저 자신을 하나님께 온전히 맡기고, 하나님을 사랑하기 위해 하나님이 아닌 것은 모두 단념한 후, 이 세상에 하나님과 저만 있는 것처럼 사는 것이 아니면 제 남은 평생에 더 이상 할 일이 없다고 생각하게 되었습니다."

하나님을 향한 사랑으로만 나아가십시오

그가 행한 가장 완벽한 것

이렇게 로렌스 형제는 하나님의 임재를 연습하기 시작했습니다. 그는 가장 완벽한 것을 행했습니다. 그것은 바로, 하나님을 사랑하기 위해 모든 것을 버리는 동시에 하나님을 사랑하기 위해 모든 것을 행하는 것이었습니다.

그는 자기 자신을 완전히 망각했으며, 천국이나 지옥에 대해서도 더 이상 생각하지 않았고, 하나님께 용서를 구한 뒤에는 과거의 죄나 현재 범하고 있는 죄 때문에 더 이상 괴로워하지 않았습니다. 그는 죄의 고백을 잘했는지 돌아보지 않았고, 일단 하나님 앞에서 잘못을 고백한 뒤에는 완벽한 평화의 상태에 들어갔습니다. 그는 '살아 있을 때나 죽은 후에나 시간 안에 있을 때나 영원 안에 있을 때나' 그 자신을 하나님께 온전히 맡겼습니다.

"우리는 오로지 하나님만을 위해 창조되었습니다. 그러므로 하나님께서는, 우리가 하나님께 집중하기 위해 우리 자신을 버리는 것을 허물하지 않으실 것입니다. 우리가 하나님 안에 있을 때, 우리는 우리에게 무엇이 부족한지 스스로 곰곰이 숙고함으로써 인식할 수 있는 것보다 훨씬 더 잘 깨달을 수 있습니다. 사실 이런 생각이야말로 우리에게 여전히 들러붙어 있는 자기애(自己愛)의 흔적에 지나지 않습니다. 겉으로는 완전함에 이르는 수단처럼 보이지만 실제로는 우리 자신을 하나님께 드리지 못하게 훼방할 뿐입니다."

로렌스 형제는 자신이 저주를 받은 게 분명하다고 확신하여 4년 동안 극심한 고통을 겪기도 했습니다. 그때의 확신은 세상 모든 사람들이 힘을 합해 설득해도 요동하지 않을 만큼 확고했고 그만큼 그의 고통도 극심했습니다. 그러나 그는 이런 고통

한가운데서도 처음의 결단이 조금도 흔들리지 않았다고 말했습니다. 그는 자신에게 무슨 일이 일어날지 사색하거나 자신의 고통에 대해 걱정하는 대신, "무슨 일이 일어나면 일어나라고 하겠습니다. 적어도 남은 평생 제 모든 일을 하나님을 사랑하기 위해 할 수 있을 테니 말입니다"라고 말하며 위안을 삼았습니다. 이처럼 그는 자신을 잊고 오로지 하나님께 몰두하려고 노력했고, 이런 결단을 통해 실로 많은 유익을 얻었습니다.

철저한 무관심과 완벽한 자유의 삶

로렌스 형제는 자신의 뜻을 향한 애착을 버리고, 하나님의 뜻을 향한 사랑으로만 채워 자신에게 일어나는 모든 일들 속에서 하나님의 뜻 이외의 것은 아무것도 보지 않았고, 이런 마음으로 언제나 평화 속에 머물렀습니다. 그래서 누군가가 찾아와 다른 어떤 사람이 심각한 죄를 저질렀다고 말하면, 깜짝 놀라는 대신에 그 사람의 죄가 그 정도에서 그친 것이 놀랍다고 말하곤 했습니다. 하나님을 모르는 죄인이 얼마나 사악한 악의를 품을 수 있는지 잘 알고 있었기 때문입니다.

로렌스 형제는 이렇게 말하고 즉시 자기 생각을 다시 하나님께 향하도록 하였고, 죄를 지은 사람들을 위해 기도한 뒤에는 다시 염려하지 않고 평화로움 가운데 머물렀습니다. 하나님께서 뜻하시기만 하면 언제든지 그 죄를 바로잡아주실 수 있다는 것과 또 세상을 통치하시는 하나님께서 세상의 일반적인 풍조를 얼마간 용인하신다는 것을 알고 있었기 때문입니다.

한번은 그가 귀하게 여겨 오랫동안 준비해온 매우 중대한 일이 갑자기 집행되지 않게 되었으며, 그 일 대신에 다른 결정이 내려졌음을 미리 귀띔도 없이 불쑥 통보받은 적이 있었습니다. 이에 대해 그는 간략하게 대답했습니다.

"그런 결정을 내려야 할 만한 타당한 이유가 있었을 테니 그 문제에 대해서는 더 이상 말씀하지 말고 결정대로 따르면 될 것입니다."

또 그는 자기가 한 말을 정확하고 일관되게 지켜서, 나중에 다시 그 일에 대해 말할 기회가 있어도 좀처럼 입을 열지 않았습니다. 한번은 고관대작 한 사람이 중병을 앓고 있는 로렌스 형제를 병문안하며, 만일 하나님께서 세상에서 신앙생활을 더 할 수 있도록 얼마간 생명을 연장해주는 것과 즉시 하늘로 데려가는 것 둘 중에 하나를 택할 수 있는 선택권을 주신다면 무엇을 택하겠느냐고 물었습니다. 이에 로렌스 형제는 그 결정권은 하나님께 맡길 것이며, 자신은 하나님께서 하나님의 뜻을 지시하실 때까지 평화롭게 기다리는 것 말고는 아무것도 하지 않을 것이라고 즉시 대답했습니다.

매사 이런 태도로 일관했던 로렌스 형제는 하나님이 아닌 다른 모든 것에 철저히 무관심했고 그럼으로써 완벽한 자유를 누렸습니다. 그런 철저한 무관심과 완벽한 자유의 삶은 가히 천국에서 하나님 임재의 영광을 온전히 누리고 있는 성도들의 삶에 견줄 만했습니다. 그는 잠깐 보이다가 없어질 것들에 대해서는 아무 의견도 제시하지 않았고, 어떤 분파나 파벌에도 속하지 않았으며, 어느 편도 들지 않았습니다.

로렌스 형제는 성직자들조차 좀처럼 벗어나기 어려운 출신지에 대한 애착에도 초연했습니다. 그는 동향(同鄕) 사람들에게나 그들과 극과 극인 타지방 사람들에게 똑같이 사랑을 받았습니다. 그의 소망은 차별을 하는 사람이나 당하는 사람이나 구별하지 않고 모든 사람에게 유익을 끼치는 것이었습니다. 세상 그 무엇도 천국의 시민인 그를 결박하여 땅으로 끌어내리지 못했습니다. 그의 시야는 시간 안에 갇혀 있지 않았습니다. 그는 영원하신 하나님만을 오랫동안 묵상함으로써 그분처럼 영원하게 되었습니다.

그에게는 모든 장소, 모든 임무, 모든 것이 동일했습니다. 부엌에서 허드렛일을 하든지, 낡고 닳은 샌들을 수리하든지, 골방에서 기도하든지 언제 어디서나 하나님을 만났기 때문입니다. 그는 깊은 고독 속에서 만날 수 있는 하나님을 일상의 임무 수행 한가운데서 만나 그분을 사랑하고 예배하였으므로 특별히 별도의 경건의 시간을 요청하거나 갈망할 필요가 없었습니다.

하나님께 나아가기 위한 유일한 방법

그는 모든 것을 오직 하나님을 향한 사랑으로만 하는 것이 하나님께 나아가기 위한 유일한 방법이라고 여겼으므로 하나님을 사랑하기 위해 할 수 있는 일이라면 어떤 임무를 맡게 되든지 괘념치 않았습니다. 그가 중요하게 생각한 것은 일이 아니라 하나님이었습니다. 그는 수도원에서 부과한 일이 자신의 천성과 잘 맞지 않으면 않을수록 하나님을 향한 더 큰 사랑으로 그 임무를 하나님께 바칠 수 있다는 사실에 기뻐했습니다. 그는 아무리 저급하고 시시한 임무라도 자신이 드리는 헌신의 가치를

조금도 손상시키지 못한다는 것을 확신했습니다. 하나님은 조금도 모자람이 없으신 분이므로 우리의 일이 아니라 그 일을 수행하는 우리의 사랑만 보신다는 것을 잘 알고 있었기 때문입니다.

로렌스 형제의 또 다른 특성은, 다른 세상에서 온 듯한 대담함이라 일컬을 만한 놀라운 견실함이었습니다. 그는 하나님 이외에는 아무것도 두려워하지 않고 아무것도 소망하지 않는 숭고한 영혼의 소유자였습니다. 그는 아무것도 숭앙하지 않았고, 아무것에도 놀라지 않았으며, 아무것도 두려워하지 않았습니다. 그의 영혼의 확고부동한 견실함은 그의 다른 모든 도덕적 강점과 동일한 원천에서 유래한 것이었습니다. 그는 하나님에 대해서 정말 고결한 견해를 가지고 있어서, 하나님을 진리 안에 거하시는 분, 주권적인 의(義), 무한히 선하신 분으로 생각하였습니다. 그는 하나님이 그런 분임을 절대적으로 신뢰하였으므로, 하나님을 기쁘시게 하지 못하는 일들은 결코 하지 않기로 결단했습니다. 아울러 모든 일을 하나님을 사랑하기 위해서 하고 또 모든 고통을 하나님을 사랑하기 위해 감내하리라 결단한 자신을, 하나님께서 결코 기만하지 않으시며 오로지 선대하실 것이라 확신했습니다.

어느 날, 그의 영적인 지도자가 누구냐고 물어본 적이 있습니다. 그러자 그는 자신에게는 영적인 지도자가 없다고 말하면서, 수도생활을 시작한 이래 줄곧 지키고 행한 수도원의 규칙과 임무들이 외적으로 어떤 일을 해야 하는지 일러주었고, 복음서가 온 마음을 다하고 목숨을 다하고 뜻을 다하여 주 하나님을 사랑하라고 가르쳐주었기 때문에 별도로 영적인 지도자가 필요하다고 생각하지 않는다고 답했습니다.

우리 주변에는 자신의 특별한 감정과 느낌만을 따라 영적인 삶을 사는 사람들이 꽤 많습니다. 대체로 그들은 자기들이 헌신적인 느낌으로 가득한지 그렇지 않은지 살피는 것 말고는 중요한 일이 없다고 생각합니다. 그러나 이런 유의 사람들은 안정적이고도 확고한 영적 삶을 살기가 어렵습니다. 왜냐하면 인간의 기분과 느낌이란 본인의 태만에 따라, 우리의 필요에 의해 다양한 선물을 주시고 또 갖가지 방식으로 역사하시는 하나님의 질서에 따라서 계속 변하기 때문입니다.

건전한 분별력과 단순한 믿음

로렌스 형제는 이와 대조적으로, 결코 변하지 않는 믿음의 길 위에 견고히 섰습니다. 그는 하나님께서 지정해주신 곳에서 자신의 임무를 완수하기 위해 노력했고, 단순하고도 소박한 삶 속에서 하나님께 주의를 집중하는 데만 전념했기 때문에 오락가락 변덕을 부리지 않고 언제나 변함이 없었습니다. 그는 자신의 느낌에 주의를 기울이거나 자신이 걷고 있는 길을 계속 살피는 대신에, 그 길의 목적이자 목표인 하나님만을 바라보았습니다. 그래서 자신이 하고 있는 일에 대해 생각하기보다 그 일의 목표와 목적이신 하나님만 생각하려고 전념함으로써, 그리고 의(義)와 사랑과 겸손을 실천함으로써 큰 걸음으로 하나님을 향해 성큼성큼 나아갔습니다.

로렌스 형제의 헌신은 이런 견고한 토대 위에 건축되었으므로 환상이나 여타 다른 것들의 영향을 전혀 받지 않았습니다. 그는 참된 환상조차, 우리 영혼이 허약해져서 하나님 자신보다 하나님이 주시는 선물에 더 집중하고 있음을 나타내는 표시라고 생각했습니다. 그는 수련 기간을 제외하면 이런 유의 체험을 한 적이 없었으며, 속내를 털어놓고 지내는 가장 막역한 사람들에게조차 환상에 대해 일언반구 언급하지 않았습니다. 그는 오로지 믿음의 사람들의 발자취를 따라 일평생 가장 견고한 믿음의 길을 걸었습니다. 그는 말씀이 명하는 선한 행위들과 성숙한 신앙에 이르는 통상적인 길에서 이탈하지 않았으며, 이외의 다른 모든 행위를 신뢰하지 않았습니다. 오늘날 수많은 영혼들이 새롭고 진기한 것이나 자신의 망상이나 호기심이나 인간적인 좋은 말에 깊이 빠져 영적 항해 도중 암초와 충돌하여 좌초하고 있지만, 그는 건전한 분별력과 단순한 믿음이 비춰주는 밝은 빛 덕택에 그런 암초를 피할 수 있었습니다.

하나님 임재를 연습하는 삶은
어렵지 않습니다

끊임없는 찬미

로렌스 형제는 이런 삶으로 죽음을 준비하였고, 정말 확실하고 든든한 믿음의 길을 가고 있었으므로 실제로 죽음이 다가올 때도 태연자약하였습니다. 그는 대단히 인내하며 평생을 살았지만, 노년에 병에 걸려 죽음을 향해 한 발짝씩 다가갈 때 더 큰 인내를 발휘했습니다. 그는 세 차례에 걸쳐 중한 병을 앓는 동안 단 한순간도 슬퍼하는 기색을 보이지 않았으며, 특히 오른쪽 옆구리의 늑막염 통증이 극에 달했을 때는 얼굴에 희색(喜色)

이 돌 뿐 아니라 목소리까지 기쁨이 넘쳐, 병문안을 온 몇몇 형제들이 고개를 갸우뚱하면서 혹시 아프지 않은 게 아니냐고 물을 정도였습니다. 당시 로렌스 형제가 대답했던 말들이 생생하게 기억납니다.

"용서하십시오."

그가 이렇게 대답했습니다.

"사실 무척 고통스럽습니다. 옆구리의 늑막염 통증이 무척 심하지만 제 영혼은 평온합니다."

"그렇지만…."

그들이 되물었습니다.

"하나님께서 이 지독한 고통을 10년만 더 견디라고 말씀하신다고 해도, 지금처럼 이렇게 만족하며 평온할 수 있겠습니까?"

"물론입니다."

로렌스 형제가 대답했습니다.

"하나님께서 제가 병으로 고통 받기를 원하신다면, 10년이 아니라 심판 날까지도 기꺼이 받겠다고 말씀드릴 것입니다. 그리고 그 기간 동안 언제나 만족할 수 있도록 은혜 주시기를 소망할 것입니다."

하나님의 친밀한 임재 체험

세상을 떠날 시간이 점점 다가올수록 그는 "오, 믿음이여! 믿음이여!"라며 탄성을 지르곤 했습니다. 많은 말을 하기보다 이런 짤막한 탄성으로 굳은 믿음을 표했던 것입니다. 그는 병상에 누워서도 끊임없이 하나님을 찬미하였고, 어느 날은 병상을 지키던 한 형제에게 "저는 하나님께서 제 영혼에 임하신다는 것을 더 이상 믿지 않습니다. 대신, 이 빛나는 믿음으로 하나님의 친밀한 임재를 이미 보고 있습니다!"라고 말했습니다.

그는 용기 또한 대단하여 모든 사람들이 두려워할 수밖에 없는 상황에 처했을 때도 꿈쩍하지 않았습니다. 이에 주변의 친구 하나가 어떻게 그럴 수 있느냐고 묻자, 로렌스 형제는 자신은 죽음이나 지옥이나 하나님의 심판이나 마귀의 계략이나 아무것도 두렵지 않다고 대답했습니다.

주변의 형제들은 이런 가르침의 말을 듣고자 계속 그를 찾아와 이런저런 질문을 하였습니다. 한번은 그들이 신약의 히브리서 10장 31절을 인용하면서, 살아 계신 하나님의 손에 빠져 들어가는 것이 실로 무서운 일임을 알고 있느냐고 그에게 물었습니다. 장차 하나님 앞에 나아갔을 때 하나님의 사랑을 받기에 합당할지 심판을 받기에 합당할지 아무도 자신할 수 없기 때문이라는 것이었습니다.

이에 로렌스 형제는 "그 점에 대해서는 저도 동의합니다. 하지만 저는 하나님 앞에 갔을 때 사랑을 받게 될지 심판을 받게 될지 알려고 하지 않겠습니다. 장차 천국에 갔을 때 제가 어떻게 될지 알게 되면 그것에 대해 헛되이 자랑할까 심히 염려되기 때문입니다. 우리 자신을 하나님께 온전히 맡기는 것보다 더 중요한 것은 없습니다!"라고 대답했습니다.

로렌스 형제가 마지막 성찬식에 참석한 뒤, 한 형제가 묻기를 "형제님은 지금 무엇을 하고 있으며 또 무엇이 형제님의 마음을 차지하고 있습니까?"라고 질문하자 이에 로렌스 형제가 이렇게 답했습니다.

"앞으로 영원히 하게 될 일을 행하고 있습니다. 온 마음을 다하여 하나님을 찬양하며 경배하며 예배하며 사랑하는 것입니다. 형제여! 오로지 하나님을 찬양하고 사랑하며 나머지 것은 아무것도 염려하지 않는 것, 이것이야말로 우리의 모든 소명과 의무의 본질이 아니겠습니까?"

평화로움과 평온함 속에서 일평생을 살았던 로렌스 형제는 이 말을 끝으로 평화롭고 평온하게 하나님 품으로 돌아갔습니다. 1691년 2월 12일, 그의 나이 여든이 되던 해였습니다.

하나님의 사랑에서 끊을 수 없는 사람

지금까지 로렌스 형제의 생애와 죽음에 대해 이야기한 것이야말로 '참된 기독교 철학자'의 모습을 가장 훌륭하게 그리고 있다고 생각합니다. AD 2세기의 교부(敎父) 알렉산드리아의 클레멘트(Clement of Alexandria)는 하나님과 그분의 아들 예수 그리스도를 아는 것과 자신들의 영혼을 풍요롭게 가꾸는 일에만 집중하기 위해 세상을 버리고, 복음을 삶의 규칙으로 삼고, 십자가의 거룩한 지혜를 고백했던 사람들을 가리켜 '참된 기독교 철학자들'이라고 묘사했습니다.

기독교 철학자의 주된 임무를 기도라고 한다면, 로렌스 형제 같은 이가 여기에 해당한다고 볼 수 있지 않겠습니까? 로렌스 형제는 언제나 모든 곳에서 기도했습니다. 많은 말을 하지는 않았지만 은밀하게 영혼 깊은 곳에서 기도하곤 했습니다. 그는 걸을 때나 대화를 나눌 때나 휴식을 취할 때나 책을 읽을 때나 일을 할 때도 기도를 멈추지 않았습니다. 그는 하나님을 계속 찬미했습니다. 하루를 시작하거나 마무리할 때는 말할 것도 없고 낮에 일하는 동안에도 마치 이사야 선지자가 보았던 스랍들처럼 하나님께 영광을 올려드렸습니다. 그는 기도를 통해 영적인 것들을 세심하게 주목하였으므로 언제나 다정다감하였고 온화하였고 인내하였습니다. 하지만 다른 한편으로는 일체의 유혹에 굴하지 않을 만큼 엄정하고 엄격하였습니다. 그는 인생의 기쁨이나 고통이 자기 자신을 지배하도록 용인하지 않았습니다.

그는 묵상의 즐거움을 위해 양껏 먹고 또 먹었지만 물리기는커녕 늘 굶주렸으며 땅에 속한 시시한 즐거움 따위는 추구하지 않았습니다. 그는 아직 땅 위에 있는 동안에도 믿음을 통해 이미 주님과 함께 살고 있었고 또 인간이 접근하기 어려운 하나님의 빛을 믿음으로 소유하고 있었으므로, 아무리 좋아 보이는 것이라도 세상에 있는 것들에는 일절 눈길을 주지 않았습니다. 그는 오로지 하나님을 사랑하는 마음으로 하나님만을 주시하고 하나님과 함께하였기 때문에 자신이 마땅히 있어야 할 곳에 이미 갈 수 있고 아무것도 바라지 않을 수 있었습니다.

그는 인생의 그 무엇도 자신을 괴롭힐 수 없으며 하나님을

향한 사랑에서 떼어놓을 수 없다는 것을 잘 알고 있었으므로 담대해지려고 애쓸 필요가 없었습니다. 모든 것이 하나님의 뜻대로 되고 있다고 확신하여 평온해지려고 애쓸 필요도 없었습니다. 그는 언제나 하나님만을 사랑하면서 오직 철저히 하나님만을 응시했기 때문에 결코 슬퍼하지도 화를 내지도, 아무리 도발적인 일을 당해도 눈 하나 깜짝하지 않았고, 부족한 게 전혀 없었으므로 아무것도 시기하거나 질투하지 않았습니다.

그의 영혼은 다른 모든 것들을 망각하고 오로지 하나님께만 붙어 있었기 때문에 언제나 흔들림이 없이 견고하였고 모든 변덕스러움과 불안함으로부터 자유로웠습니다. 그는 인간들을 사랑하기는 사랑하되 우정을 돈독히 하기 위해서가 아니라 피조물을 사랑함으로써 창조주를 사랑하기 위해서 사랑했습니다.

언제나 하나님을 예배하고 사랑한 사람

비록 로렌스 형제가 세상으로부터 물러나 수도원에서 평생을 보냈지만, 그의 생애와 영성에 관한 이 짤막한 고찰에서 유익을 얻지 못할 사람은 하나도 없으리라 확신합니다. 그는 수도원 밖에서 살고 있는 신자들로 하여금 하나님을 바라보게 했으며, 그들이 신자로서 맡은 소임을 잘 감당할 수 있게 해달라고 은혜를 구했으며, 그들의 개인적인 문제를 모른 체하지 않았고, 그들과 대화를 나누었으며, 심지어 그들의 놀이에 동참하기도 했습니다. 이에 수많은 신자들이 로렌스 형제의 본에 감동을 받아 하나님께서 베푸신 복을 찬미하였고, 하나님의 은혜로 선한 일을 행할 수 있게 된 것에 감사드렸고, 잘못한 것이 있을 때는 하나님 앞에서 자신들을 낮추었습니다.

로렌스 형제가 모범으로 보여준 '하나님 임재를 연습하는 삶'은 수도원이라는 제한된 환경에서만 실천할 수 있는 막연하고 불확실한 헌신이 아닙니다. 우리는 언제나 하나님을 예배하고 사랑해야 합니다. 그리고 또 할 수 있습니다. 다만 하나님과의 친밀한 사귐을 통해 순간순간 하나님을 의지해야만 그렇게 할 수 있습니다. 하나님과 돈독한 마음의 관계를 쌓지 않으면 엄마의 도움이 없이는 제대로 일어서지 못하는 아기처럼 그 누구도 이 두 가지 중대한 임무를 수행할 수 없을 것입니다.

쉬지 않고 기도한 사람

로렌스 형제가 모범으로 보여준 '하나님의 임재를 연습하는 삶은 어렵지 않습니다. 아니 우리 모두에게 정말 쉽고 필요합니다. 사도 바울이 데살로니가전서 5장 17절에서 모든 신자들에게 권면하였던 바, '쉬지 말고 기도하는 것'의 정수가 바로 이것이기 때문입니다. 바울의 이런 권면을 무시하는 사람은 자신이 실로 곤궁한 인간이라는 것과 선한 것을 할 만한 능력을 도무지 갖고 있지 못하다는 것과 자신에게 항상 예수 그리스도가 필요하다는 사실을 모를 뿐 아니라 심지어 하나님이 어떤 분이시며 자기 자신이 누구인지조차 모르는 사람일 것입니다.

생업에 바빠서 하나님과 대화할 시간을 낼 수 없다는 것은 신자로서 본질적인 의무에 태만한 것에 대한 합당한 이유가 되지 못할 것입니다. 하나님은 언제나 어디에나 계십니다. 따라서 우리는 언제 어디에 있든지 하나님께 말을 걸 수 있습니다. 우리의 심령은 수천수만 가지 다른 방법으로 하나님과 대화할 수 있습니다. 우리에게 필요한 것은 오직 하나님을 향한 사랑뿐입니다. 대단하지 않아도, 엄청나지 않아도 되는 작은 사랑일 뿐입니다. 이 작은 사랑만 가지고 있으면 로렌스 형제의 모범을 따라 사는 것이 결코 어렵지 않을 것입니다.

로렌스 형제가 보여준 세상에 대한 초연함, 자신의 생각을 오직 하나님으로만 가득 채우기 위해 자신의 구원에 대해서조차 생각하지 않을 만큼 철저했던 자기 자아에 대한 무관심, 아무리 하찮고 시시한 임무를 맡아도 오로지 하나님을 사랑하기 위해 기쁘게 행했던 고결한 하나님 사랑은 목회자들뿐 아니라 단 한 번뿐인 인생을 하나님을 사랑하기 위해 살기 원하는 모든 신자들에게 실로 유익한 본이 될 것입니다.

진실한 대화를 통해
하나님 임재의 비밀을 발견하다 | 대화

🍃 다음 네 편의 대화는 노아이유의 보포르 수도원장이 1666년 8월 3일부터 1667년 11월 27일 사이에 로렌스 형제와 나눈 대화의 내용입니다. 로렌스 형제에게서 '성결의 아름다움'을 발견한 보포르 수도원장은 후대에 로렌스 형제를 알리는 것을 자신의 채무로 여겨, 대화가 끝날 때마다 로렌스 형제와 나눈 내용들을 정성스레 기록했습니다.

첫 번째 대화

자신을 하나님께 온전히 맡기십시오

깨달음

로렌스 형제를 처음 만났을 때, 그는 수도생활을 시작하기 훨씬 전인 열여덟 살에 체험했던 회심(回心)에 대해 이야기했습니다. 하나님께서는 특별하고도 놀라운 은혜로 그를 축복하셨습니다.

어느 겨울날, 그는 잎이 모두 떨어진 앙상한 나무를 보고 있었습니다. 그러다 얼마 후에는 싹이 돋고 잎이 나고 꽃도 피고 열매도 맺히리라는 생각을 하게 되었습니다. 그 순간 그는 하나님의 섭리와 능력에 대한 숭고한 깨달음을 얻게 되었으며, 그 깨달음은 평생 그를 떠나지 않았다고 합니다. 그날의 깨달음은 그를 세상으로부터 완전히 떼어놓았고 하나님을 향한 말할 수 없는 사랑을 심어주었습니다. 그 사랑이 얼마나 컸던지, 놀라운 선물을 받은 그날 이후 40여 년이 지나는 동안, 그 사랑이 조금이라도 더 커졌을지 알 수 없을 정도라고 했습니다.

그는 계속해서 자신이 살아온 이야기를 들려주면서 자신이 한때 국왕의 재정담당관이던 피예베(M. William de Fieubet)의 급사로 일한 적이 있다고 했습니다. 그는 이 시기의 자신을 '모든 일을 망쳐놓기 일쑤인 서툰 얼뜨기'였다고 회고했습니다.

나중에 그는 수도원에 들어가기로 결심했습니다. 수도원에 들어가면 급사 시절에 종종 저질렀던 어리석은 실수와 서툰 행동들이 고쳐질 것이며 또 자신의 인생과 삶의 모든 즐거움을 하나님을 위해 온전히 바칠 수 있으리라 생각했기 때문입니다. 그러나 그는 현재의 상태에 계속 만족하려는 자신의 모습을 보며 하나님께 속았다고 생각했습니다.

"하나님이 저를 속이신 겁니다!"

그는 하나님께도 종종 이렇게 말하곤 했습니다.

살아 생동하는 믿음

로렌스 형제는 우리가 하나님과 끊임없이 대화를 나눔으로써 하나님의 임재 안에 확실히 거해야 하며, 어리석은 이야기나 하찮은 일들에 말려 하나님과의 대화를 단절하는 것은 실로 부끄러운 일이라고 했습니다. 또한 하나님에 대한 고결한 생각으로 우리 영혼에 자양분을 공급해야 하며, 그렇게 하면 하나님께 속한 크나큰 기쁨을 얻을 수 있다고 했습니다.

로렌스 형제는 우리 믿음이 살아 생동해야 한다고 말하면서, 우리가 너무나 무기력한 믿음을 가지고 있음을 지적했습니다. 오직 믿음으로 삶의 기준을 삼아야 하는데도 불구하고, 많은 사람들이 날마다 변덕스레 오락가락하는 약간의 영적 행위에 만족하고 있는 것을 실로 안타까워했습니다. 우리의 믿음을 살아 생동하게 하는 것이야말로 교회가 진정으로 추구해야 할 기본 정신이며, 이러한 믿음은 우리를 그리스도의 완전함으로 인도하는 데 부족함이 없다고 했습니다.

로렌스 형제는 영적인 문제뿐 아니라 물질적인 문제에서도 우리 자신을 온전히 하나님께 맡겨야 한다고 했습니다. 하나님께 자기 자신을 진정으로 맡긴 사람에게는 모든 것이 동일하게 느껴질 것이기 때문에, 하나님께서 고난을 통해 이끄시든 위로를 통해 이끄시든 오직 하나님의 뜻을 이루는 데서 만족을 찾아야 한다는 것입니다.

하나님께서는 메마른 시기를 통해 우리가 하나님을 얼마나 사랑하는지 시험하십니다. 따라서 우리는 메마른 시기를 지날 때에도 신실함을 잃지 말아야 합니다. 로렌스 형제는, 우리가 그렇게 함으로써 순종과 전적인 의뢰의 아름다운 열매를 맺을 수 있으며, 바로 이것만으로도 믿음의 길에서 괄목할 만큼 성장을 이룰 수 있다고 말했습니다.

전폭적인 맡김

로렌스 형제는 인간의 불행과 죄에 대한 소식을 날마다 듣고 있지만, 그 이야기에 경악하는 대신 오히려 그런 이야기들이 더 많이 들려오지 않는 게 놀라울 따름이라고 말했습니다. 하나님을 모르는 죄인들이 얼마나 악해질 수 있는지 잘 알고 있었기 때문입니다. 그는 죄인들을 위해 진정으로 기도하긴 하지만, 그들이 회개하지 않으면 어쩌나 하는 근심은 하지 않습니다. 하나님의 뜻이라면, 하나님께서 기쁘신 뜻대로 그들을 변화시키실 것을 알고 있었기 때문입니다.

그는 우리 자신을 하나님께 맡기되 하나님께서 바라시는 만큼 온전히 전적으로 맡기기 위해서는 일상적인 문제에서나 영적인 문제에서도 우리 영혼의 모든 움직임을 주의 깊게 살펴야 한다고 말했습니다. 하나님께서는 하나님께 속하기를 간절히 소망하는 사람들에게 빛을 비추어주십니다.

마지막으로 로렌스 형제는 이렇게 말했습니다.

"당신이 이런 소망을 가지고 있다면 혹시나 저를 번거롭게 하는 것은 아닌지 염려할 필요 없이 언제라도 원하는 때에 찾아와서 편히 만나도 좋습니다. 하지만 그렇지 않다면 찾아오지 않는 것이 좋을 듯싶습니다!"

1666년 8월 3일

두 번째 대화

모든 일을 오직 하나님을 사랑하는 마음으로 하십시오

지푸라기 하나를 줍는 데서도

로렌스 형제는 일체의 이기심이 배제된 하나님을 향한 순전한 사랑이 언제나 자신을 주관하고 있다고 말하며, 자신이 구원을 받을지 혹은 저주를 받을지조차 염려하지 않는다고 말했습니다. 그는 모든 행위를 오직 하나님을 향한 사랑으로만 하는 것이 자신의 목표이며, 이렇게 함으로써 큰 만족을 발견했다고 했습니다. 심지어 그는 하나님을 사랑하기 위해서라면 땅에 떨어진 지푸라기 하나를 줍는 데서도 만족을 느꼈습니다.

오직 하나님만을 바란 영혼

그는 오직 하나님만을 구했을 뿐, 다른 것들은, 그것이 비록 하나님의 선물일지라도 구하지 않았습니다.

하나님께서는 그의 영혼의 이런 태도를 보시고 무한한 은혜를 베풀어주셨습니다. 그는 하나님께서 베푸시는 은혜와 그 열매, 하나님의 사랑을 감히 거부할 수 없어서 기꺼이 받으면서도 그 사랑의 기쁨을 누리기는 거부하였습니다. 비록 하나님께로부터 비롯된 열매일지라도 그것이 하나님은 아니므로 하나님과 혼동해서는 안 된다는 생각 때문이었습니다. 하나님은 우리가 느끼는 것보다 훨씬 더 크고 광대하시며, 전적으로 차원이 다른 분이심을 로렌스 형제는 믿음으로 깨달았습니다.

그래서 하나님과 그의 영혼 사이에서 믿기 어려운 갈등이 일어나고 말았습니다. 하나님께서 그의 영혼에 은혜를 주고 계셨지만, 그의 영혼은 자신이 받고 있는 것이 '하나님'은 아니라고 이의를 제기했기 때문입니다. 믿음으로 가득했던 로렌스의 영혼은 양보할 기미를 보이지 않았고, 갈등은 더욱 굳어졌습니다. 하나님께서 아무리 풍성한 은혜를 베푸셔도, 그의 영혼은 하나님이 하나님의 선물보다 훨씬 더 크신 분이라고 늘 이의를 제기했으며 하나님의 손에 들린 선물이 아니라 바로 하나님의 임재를 구했기 때문입니다.

로렌스 형제는 은혜의 선물을 넘어서서 그것을 주시는 분께로 가지 못하고, 선물 자체에서 위로를 받는 사람들은 황홀경과 환희에 빠지기 쉽다고 말하면서, 우리는 그런 선물에 깜짝 놀라서도, 도취되어서도 안 된다고 조언했습니다. 오직 하나님만이 우리의 모든 관심의 중심이자 주인으로 계셔야 하기 때문입니다.

하나님께서는 로렌스 형제가 하나님을 위해 한 모든 일에 즉각적으로 풍성하게 보상해주셨습니다. 그래서 그는 자신이 하나님을 위해 하는 일들을 하나님께서 보지 않으셨으면 좋겠다고 생각하기도 했습니다. 그렇게 된다면 하나님의 보상을 바라지 않고 그저 하나님을 향한 사랑으로만 모든 일을 할 수 있을 거라고 생각했기 때문입니다.

오직 하나님을 사랑하는 마음으로

한때 로렌스 형제는 자기가 구원을 받지 못한 게 분명하다고 확신하여 무척 괴로워한 적이 있었습니다. 이런 내적 고통은

4년 동안 지속되며 그를 괴롭혔지만 마침내 그는 다음과 같이 생각하기에 이르렀습니다.

'나는 오직 하나님을 사랑하기 위해 수도생활을 시작했어. 오직 하나님만을 위해 행동하려고 노력해왔어. 그러니 저주를 받든 구원을 받든 상관없이 하나님을 향한 사랑으로 행동하기를 멈추지 않겠어. 그러면 적어도 나중에 하나님 앞에 섰을 때, 일평생 모든 일을 오로지 하나님을 사랑하는 마음으로 했다고 아뢸 수 있을 테니까!'

그 후로 그는 천국이나 지옥에 대해 염려하지 않았습니다. 그의 삶은 완전히 자유로워졌고 그에 따라 기쁨도 지속되었습니다. 그는 오히려 '너는 하나님의 은혜를 받을 만한 자격이 없어!'라고 말하기라도 하려는 듯 자신의 죄를 하나님과 자신 사이에 낱낱이 늘어놓곤 했습니다. 그렇지만 홍수처럼 부어주시는 하나님의 은혜를 막을 수 없었습니다. 그 느낌은 마치 하나님이 그를 하늘 법정으로 이끄시어, 벌레만도 못한 가련한 죄인에게 하나님의 기쁘신 뜻대로 은혜를 소나기처럼 부어주신다는 것을 모든 사람들에게 보여주시는 것 같았다고 합니다.

하나님만을 위해 모든 일을 하는 습관

로렌스 형제는 하나님과 지속적으로 대화하고 오직 하나님만을 위해 모든 일들을 행하는 내적 습관을 익히려면, 처음에는 이 일에만 전념하는 노력을 기울여야 한다고 말했습니다. 하지만 세심한 주의를 기울이며 얼마간 노력하다보면 곧 하나님의 사랑이 우리를 일깨워 그런 습관을 갖는 것이 어렵지 않게 느껴질 것이라고 말입니다.

그는 축복의 시기가 지나면 상황이 변하여 고난과 어려움을 감내해야 할 때가 온다는 것을 잘 알고 있었습니다. 그러나 그 때문에 염려하지는 않았습니다. 하나님께서 어떤 고난이라도 견딜 수 있는 힘을 주시리라는 것을 확신했기 때문입니다.

그는 어떤 임무를 수행해야 할 때마다 "하나님! 하나님께서 힘을 주지 않으시면 아무것도 할 수 없습니다!" 라고 아뢰었고, 그럴 때마다 하나님께서는 즉시 능력을 주셔서 감당하고도 남음이 있게 하셨습니다.

그는 잘못한 일이 있을 때는 자신의 과실을 솔직하게 인정하고 하나님께 이렇게 기도했습니다.

"하나님께서 내버려두시면 아무것도 할 수가 없습니다. 제가 잘못을 범하지 않도록 막아주세요. 또 제 잘못을 바로잡아주실 수 있는 분은 오직 하나님뿐입니다!"

그는 이렇게 고백한 뒤에는 자신이 저지른 실수로 더 이상 괴로워하지 않았습니다. 우리가 할 일은 단지 하나님과 늘 함께 해야 한다는 것입니다. 무엇이든지 솔직하게 말씀드리고, 무슨 일이 일어날 때마다 도움을 요청하는 것입니다.

로렌스 형제는 하나님께서 필요한 도움을 언제나 공급해주심을 늘 체험했습니다. 최근에 그는 부르고뉴 지방에 가서 포도주를 사오라는 임무를 맡았습니다. 그에게는 이 일이 매우 수고롭고 어려운 과업이었습니다. 물건을 사고파는 일에 재간이 없었을 뿐 아니라 한쪽 다리를 심하게 절었기 때문에 포도주통 위에서 이리저리 흔들리는 것 말고는 배 위에서 움직일 수 없었기 때문입니다. 그러나 그는 그런 자신의 사정이나 포도주를 구입하는 일에 대해 전혀 걱정하지 않았습니다. 대신 하나님께 "이것은 하나님의 일입니다"라고 말씀드렸습니다. 그랬더니 그 임무를 완수할 수 있었을 뿐 아니라 썩 잘 해낼 수 있었다고 합니다. 그는 작년에도 똑같은 임무를 띠고 오베르뉴에 간 적이 있었습니다. 당시 그는 자신이 어떻게 그 임무를 감당했는지 잘

모르겠다면서 칭찬받을 일이 아니라고 했지만, 사람들은 그가 임무를 훌륭히 해냈음을 알고 있었습니다.

수도원의 주방에서도 마찬가지였습니다. 그는 천성적으로 주방 일을 싫어했습니다. 하지만 하나님을 사랑하는 마음으로 주방의 모든 일에 적응했고, 어떤 상황에 놓이든지 자기가 맡은 임무를 잘 감당하게 해달라고 하나님의 은혜를 구했습니다. 그러자 주방 일이 너무 쉬워져서 이후 15년 동안 편한 마음으로 감당할 수 있었다고 합니다.

현재 그는 형제들의 샌들을 수선하는 임무를 맡아 기쁘게 감당하고 있지만, 언제든지 그 임무가 아닌 다른 임무 또한 수행할 준비가 되어 있다고 했습니다. 어떤 곳에 배치되어 아무리 사소하고 보잘것없는 일을 하게 되더라도 자신은 오직 하나님을 사랑하는 마음으로 기쁨을 느낄 수 있기 때문이라는 것입니다.

언제나 하나님 앞에서

로렌스 형제는 수도원에서 정한 기도 시간과 일상의 다른 시간을 구별하지 않았습니다. 그는 수도원의 부원장이 피정(避靜, 영적 갱신이나 쇄신을 위해 일상의 임무에서 벗어나 묵상과 기도를 통해 자신을 살피는 일)을 지시하면 잠시 수도원을 떠나 쉬면서 기도와 묵상에 몰두했지만, 특별히 그것을 갈망하거나 요청하지는 않았습니다. 제아무리 분주한 임무라 할지라도, 하나님께만 온통 집중하는 그를 방해하지 못했기 때문입니다.

그는 범사에 하나님을 사랑해야 한다는 것을 알고 있었기에 언제나 '하나님 앞에서' 자신의 임무를 완수하려고 노력했습니다. 그는 자신을 영적으로 이끌어줄 지도자를 별도로 요청하지 않았습니다. 교회가 외적으로 해야 할 일들을 일러주고, 하나님의 말씀이 내적으로 온 마음을 다하여 하나님을 사랑하라고 가르쳐주었기 때문입니다.

그는 자신의 죄에 대해서 민감하게 알고 있었지만, 이로 인해 놀라거나 낙심하지는 않았습니다. 죄를 범했을 때는 법정에 선 사람처럼 자신을 변론하지 않았고 하나님 앞에서 자신의 죄를 솔직하게 시인했습니다. 그는 하나님께 정직하게 죄를 고백한 뒤 평소처럼 하나님을 찬양하고 하나님을 사랑하는 마음을 고백하면서 다시 평화로움 속으로 들어갔습니다.

그는 영적으로 힘들어질 때 누구에게도 조언을 구하지 않았습니다. 대신 하나님께서 그와 함께하신다는 유일한 지식과 믿음을 안내자로 삼아, 무슨 일을 당하든지 하나님을 위해 행동하고 또 하나님을 위해 사는 것으로 만족했습니다. 그는 자신에게 무슨 일이 일어나든지 하나님을 향한 사랑으로 괘념치 않고 행동했으며, 그렇게 함으로써 더없는 만족을 누렸습니다.

상념을 물리쳐야 하나님과 대화할 수 있습니다

그는 우리를 덮치는 온갖 생각들이 모든 것을 망쳐놓는다고 말하면서 죄악이 바로 그 '생각'에서 비롯된다고 말했습니다. 따라서 우리는 우리가 맡은 임무나 구원의 문제와 무관한 생각이 드는 즉시 그것들을 물리쳐야 하며, 그렇게 할 때 하나님과의 대화를 다시 시작할 수 있습니다.

수도생활 초기에 그는 상념에 빠지지 않기 위해 애를 쓰다가 또다시 상념에 빠져드는 과정을 반복하면서 수도원에서 정한 기도 시간을 다 보내곤 했다고 합니다. 그는 여느 수도사들처럼 규칙에 따라 기도할 수가 없었다고 고백했습니다. 물론 얼마간 묵상을 하곤 했지만, 그 시간이 끝나면 무엇을 묵상했는지 하나도 기억나지 않았다고 합니다.

수도사 서원을 하기 전, 그는 수련수사로 계속 남아 있게 해달라고 수도원에 청하기도 했습니다. 수도사 서원 부적격 판정을 받지 않을까 염려해서도 아니요, 자신의 수련 기간이 충분치 않다고 생각했기 때문도 아니었습니다. 하나님을 향한 사랑으로 소소한 일들을 하면서 기쁨을 누리는 것 외의 다른 것은 아무것도 할 생각이 없었기 때문입니다.

그는 하나님께 고행(苦行)을 구할 만큼 대담하지 못했고 오히려 고행을 원하지 않았지만, 자신이야말로 그 누구보다 더 많은 고행을 행해야 하는 장본인이라는 것을 잘 알고 있었습니다. 그리고 하나님께서 그에게 고행을 허락하실 때, 그것들을 능히 감당하도록 은혜도 허락하시리라는 것을 믿어 의심치 않았습니다.

하나님과의 연합

로렌스 형제는 모든 영적 행위와 훈련의 목적은 오직 사랑으로 하나님과 연합하는 것을 돕는 데 있다고 했습니다. 그는 영적 훈련에 대해 오래 생각한 끝에, 모든 일을 하나님을 사랑하는 마음으로 행하는 '사랑의 실천'이 이런 연합으로 나아가는 가장 빠른 길이라는 것을 깨달았습니다.

그는 우리가 할 수 있는 모든 영적 행위들을 다 실천한다고 해도 그것이 하나님을 향한 사랑에서 시작된 것이 아니라면 하나님께 조금도 더 가까이 나아갈 수 없으며, 단 한 가지의 죄도 사함 받을 수 없다고 했습니다. 죄 사함을 받으려면 괴로워하거나 염려하지 말고 온 마음을 다해 그리스도를 사랑하며 오직 예수 그리스도의 보혈을 의지해야 한다고 말입니다. 또한 그는, 하나님께서는 순결한 사람들을 택하여 일하기도 하시지만, 종종 가장 중한 죄인들을 택하사 비할 수 없는 은혜와 지극한 은총을 더욱더 확실히 보여주시는 것 같다고 말했습니다.

로렌스 형제는 죽음이나 죄나 천국이나 지옥에 대해 생각하지 않았습니다. 대신 오직 하나님을 사랑하는 마음으로 소소한 일들을 할 뿐이라고 했습니다. 자기에게는 대단한 일을 할 만한 능력이 없다고 생각했기 때문입니다. 그는 장차 자신에게 어떤 일이 일어날지 조금도 염려하지 않았습니다. 무슨 일이 일어나든지 하나님의 뜻대로 되리라고 확신했기 때문입니다.

그는 산 채로 살가죽이 벗겨지는 고통이라도 자신이 느꼈던 내적 아픔에 비하면 아무것도 아닐 것이며, 세상에서 가장 큰 기쁨이라도 자신이 종종 체험했고 지금도 여전히 체험하고 있는 더없는 기쁨에 비하면 아무것도 아니기 때문에 아무것도 염려하지 않고, 아무것도 두려워하지 않으며, 하나님의 뜻을 거스르지 않게 해달라는 것 말고는 아무것도 구하지 않았다고 담대히 말했습니다.

그는 자신에게 주어진 일들을 제대로 할 수 있을지 없을지 혹은 자신이 바르게 행동하고 있는지에 대해 아무런 주저함도 없다고 하면서 이렇게 말했습니다.

"왜냐하면 저는 잘못했다는 것을 깨달았을 때, 즉시 잘못을 고백하며 '주님, 이것이 평소 제 모습입니다. 본래 제 모습입니다. 저는 다른 것을 할 줄 모릅니다!' 라고 아뢰기 때문입니다. 물론 잘못한 것이 없을 때는 하나님께 감사드리며 그것이 하나님의 은혜 덕분임을 고합니다."

1666년 9월 28일

세 번째 대화

하나님의 임재를 구하는 심령이 되십시오

믿음의 길

로렌스 형제는 믿음을 통하여 하나님을 깨닫고 높이는 것이 자신의 영적 삶의 기초가 되어왔다고 했습니다. 그는 믿음의 길을 걷기 시작한 이래 지금까지 모든 일을 오로지 하나님을 사랑하는 마음으로 행하기 위해, 다른 모든 생각은 마음속에서 고개를 드는 즉시 거부하는 것만을 지향하며 살았습니다.

그러나 때로는 오랜 시간 동안 하나님을 사랑하는 것에 대해 생각하지 않은 채 보내기도 했습니다. 하지만 그 사실을 깨달았을 때에도 괴로워하지는 않았습니다. 대신 자신의 부족함을 하나님 앞에서 즉시 시인하고 이전보다 더 큰 확신을 가지고 다시 하나님께로 돌아왔습니다. 그는 하나님을 잊고 살았던 자신이 초라하고 비참하게 느껴질수록 더욱더 확고하고 강한 믿음을 가지고 하나님께 나아가 하나님 앞으로 다시 돌아왔다고 말했습니다. 우리가 하나님을 신뢰할 때, 하나님께서 영광을 받으시며 은혜의 소나기를 부어주십니다.

그는 하나님이 인간을 기만하는 것은 불가능한 일이며, 또한 하나님께 온전히 자신을 맡기고 하나님을 위해 모든 것을 견디기로 결단한 영혼이 오래 고통을 받도록 버려두는 것 역시 하나님께 불가능한 일이라고 말했습니다.

마침내 로렌스 형제는 하나님에 대한 생각 외에 다른 생각은 아무것도 하지 않는 상태에 이르렀지만, 사람을 즐겁게 해주려는 유혹이나 그 밖에 다른 유혹이 전혀 없던 것은 아니었습니다. 그런 유혹이 들 때면 그는 하나님께로부터 나오지 않은 생각들이 마음속에서 고개를 쳐드는 것이 실제로 느껴졌다고 합니다. 하지만 하나님께서 언제나 즉각 도우신다는 것을 체험으로 알고 있었기 때문에 염려하지 않았습니다. 그저 잠시 그런 생각들을 내버려두다가 곧 다시 하나님께 집중하면 쓸데없는 생각들은 저절로 사라지곤 했다고 합니다.

이처럼 하나님께서 언제나 즉각적으로 도와주신다는 것을 생생한 체험으로 알고 있었던 그는, 수도원 밖에서 해야 할 일이 생기더라도 미리 걱정하지 않았습니다. 구체적인 행동을 해야 할 때가 되면, 마땅히 해야 할 바를 하나님께서 명확하게 알려주셨습니다. 이렇게 그는 모든 일들을 미리 걱정하지 않고 하나님을 신뢰함으로 감당할 수 있었습니다. 하지만 하나님께서 항상 즉각 도움을 주신다는 사실을 경험하기 전에는 자신이 맡은 임무에 대해 무척 고심했다고 고백했습니다.

하나님의 임재 의식

로렌스 형제는 자신이 했던 일들을 기억하지 않았고 또 언제 그런 일을 했는지도 의식하지 않았습니다. 심지어 방금 식탁에서 무엇을 먹었는지도 기억하지 않았습니다. 그저 모든 일을 하나님을 사랑하는 마음으로 하겠다는 유일한 목표만을 의식했으며, 일상적인 모든 임무와 다른 많은 일들을 하는 동안 자신을 인도해주신 하나님께 감사드릴 뿐이었습니다. 그는 지속적

으로 하나님의 임재를 의식할 수 있도록, 모든 일을 아주 단순하게 처리하고 실행했습니다.

어떤 임무가 그의 마음을 어지럽혀서 하나님과의 교제를 조금이라도 방해하면, 하나님께서는 즉시 그의 영혼을 일깨워 하나님과의 교제에 한층 더 집중하도록 이끄셨습니다. 그의 영혼에 맹렬한 불꽃을 붙여 시뻘겋게 타오르게 하셨고, 때로는 광인(狂人)처럼 소리를 지르고 노래하며 펄펄 뛰어다니게 하셨습니다.

그는 일상의 임무를 떠나 영적인 훈련을 하거나 피정을 떠났을 때보다 오히려 평범한 일과를 수행하는 동안에 하나님과 더욱 굳게 연합할 수 있었다고 하면서, 영적인 실천이나 피정에서 얻은 소득이라고는 영적인 메마름뿐이었다고 말했습니다.

하나님께 나아가기 위한 유일한 조건

그는 나이를 먹고 육체적 정신적으로 쇠약해지면 그동안 쭉 지녀왔던 하나님의 임재를 의식하는 힘을 잃게 되지 않을까 적이 염려하였습니다. 이것이 그에게 최악의 두려움이었습니다. 하지만 선하신 하나님께서는 그를 결단코 버리지 않으리라 그리고 그에게 허락하는 어떤 병이나 고통도 견디낼 힘을 주시리라 확실히 보증하셨다고 합니다. 그는 이렇게 확증을 받고 나니 무엇 하나 염려할 것이 없었고, 자신의 영혼에 대해 다른 누구와 상의할 필요도 느끼지 않았으며, 오히려 다른 사람들과 의논하려 했을 때 혼란만 가중되었다고 합니다. 그는 하나님을 사랑하기 위해서라면 자신을 까맣게 잊어도 좋고 죽어 없어져도 좋다고 생각했습니다. 그래서 아무것도 불안해하거나 두려워할 것이 없었습니다. 그는 모든 것을 하나님께 온전히 맡기는 것만이 가장 안전한 길이자 언제나 우리의 앞길을 비춰줄 빛을 얻는 유일한 길이라고 말했습니다.

로렌스 형제는 처음 믿음의 삶을 시작했을 때는 자기를 부인하기 위해 모든 노력을 경주해야 하지만 그 시기가 지나면 이루 형언할 수 없는 만족이 찾아온다고 말했습니다. 또 어려움에 봉착했을 때는 재빨리 예수 그리스도께 달려가 은혜를 구하기만 하면 되며, 주께서 은혜를 허락하시면 그 모든 역경을 감당하기가 수월해질 것이라고 했습니다.

그는 그리스도인의 모든 행위의 목적이자 목표인 하나님을 향한 사랑을 망각한 채 외적인 행위에만 만족하려는 사람들이 실로 많다고 하면서 그런 행위의 열매가 그 사실을 입증하고 있으며, 믿는 사람들 사이에서 영적인 덕행을 찾아보기 힘든 까닭도 그 때문이라고 덧붙였습니다.

마지막으로 로렌스 형제는 예리한 지성이나 엄청난 지식이 있어야 하나님께 나아갈 수 있는 것이 아니라 '하나님께', '하나님을 위해', '오로지 하나님만을 사랑하기 위해' 전념하겠다고 굳게 결단한 심령만 있으면 된다고 강조했습니다.

1666년 11월 22일

네 번째 대화

매순간 하나님과 대화하고 도우심을 청하십시오

하나님과의 지속적인 대화

로렌스 형제는 자신이 하나님을 향해 어떤 방식으로 나아가고 있는지에 대해 솔직한 자세로 열변을 토했습니다.

그는 하나님을 향한 것이 아니라고 식별되는 모든 것들을 단호하게 부정하면서 아는 것이 많지 않더라도 하나님과의 지속적인 대화에 익숙해져 가는 것이, 하나님을 향해 나아가는 길의 본질이라고 말했습니다.

"우리가 반드시 해야 할 일은, 단지 하나님께서 우리 안에 늘 친밀하게 임재하고 계심을 깨달아 삶의 순간순간 그분과 대화하고 도움을 청하는 것이 전부입니다. 이렇게 할 때 우리는 온갖 불확실한 상황 속에서도 하나님의 뜻을 분명히 깨달아 알 수 있습니다. 또한 하나님께서 우리에게 요구하시는 일들을 행하기에 앞서 하나님께 아룀으로써 그 일들을 능히 감당할 수 있으며, 무사히 마친 뒤에는 잘 마치게 해주신 하나님께 감사드릴 수 있습니다."

그리고 이렇게 하나님과 지속적으로 대화를 나누는 가운데 찬양하고 예배하며 무한히 선하시고 완전하신 하나님을 향한 사랑을 끊임없이 고백해야 합니다.

성화의 본질

우리는 주님의 무한한 십자가 공로를 의지하여 언제나 하나님의 은혜를 담대히 구할 수 있으며, 하나님께서는 우리가 구할 때마다 반드시 은혜를 허락하십니다. 로렌스 형제는 마음이 산란해져서 하나님과의 교제가 중단되거나 하나님의 도우심 구하기를 잊어버렸을 때를 제외하고는 언제나 이런 은혜를 받을 수 있었다고 합니다.

그는 아무리 혼란스러운 상황에 처했다 하더라도, 우리가 오로지 하나님만을 기쁘시게 해드리겠다는 마음과 모든 일을 온전히 하나님을 사랑하는 마음만 품고 일절 다른 마음을 품지 않으면 하나님께서 반드시 빛을 비춰주신다고 말했습니다.

로렌스 형제는 우리의 성화(聖化)가 행실을 변화시키는 것뿐만 아니라, 평소 우리 자신을 위해 하던 일의 관점을 바꾸어 하나님을 위해 행하는 데 달려 있다고 말했습니다. 그러나 많은 그리스도인들이 다소 이기적인 목적이나 인간적인 이유로 외적 행위에 집착하고 있으며, 또 그것마저 불완전하게 행하는 것을 볼 때 심히 안타깝다고 했습니다. 이런 사람들은 수단과 목적을 혼동하고 있는 것입니다.

그는 하나님께 나아가기 위한 가장 좋은 방법은 자신이 맡은 임무를 순종하는 마음으로 받아 인간적인 생각들을 모두 버린 뒤, 오로지 하나님을 사랑하는 마음으로 수행하는 것이라고 했습니다.

중대한 오류

그는 기도 시간과 일상의 시간을 다르게 여기는 것은 중대한 오류라고 했습니다. 기도 시간에 하나님과 연합해야 하는 것이 우리의 엄중한 의무인 것처럼, 일상의 임무를 수행하는 시간에 하나님과 연합하는 것 또한 우리의 엄중한 의무이기 때문입니다.

로렌스 형제가 정해진 기도 시간에 한 일이라고는 하나님의 임재를 계속 의식하는 것뿐이었습니다. 그는 그것 말고는 아무것도 하지 않았습니다. 그 시간에 그의 영혼은 하나님의 임재 안에 쉬면서 하나님을 마음껏 사랑했으며, 이것 외에는 아무것도 의식하지 않았습니다. 물론 정해진 기도 시간이 끝나도 별다른 차이는 없었습니다. 언제나 하나님 가까이에 머물렀고, 온 힘을 다해 하나님을 찬양했고, 계속 기뻐하며 시간을 보냈기 때문입니다. 그는 자신이 이처럼 강해졌을 때 하나님께서 고난을 허락하셨으면 좋겠다고 말했습니다.

그는 우리가 단호한 태도로 하나님을 신뢰하며 전폭적으로 하나님께 맡기기만 하면 하나님께서는 결단코 우리를 실망시키지 않으실 것이라고 말했습니다.

로렌스 형제는 하나님을 사랑하는 마음으로 소소한 일들을 하다가 피곤해 하면 안 된다고 하면서 하나님께서는 일의 크기에 주목하시는 게 아니라 우리가 그 일을 사랑으로 하고 있느냐 아니냐에 주목하신다고 했습니다. 또한 이런 마음으로 일하다가 처음에 자주 넘어진다 해도 절대 포기해서는 안 된다고 하면서 조금만 견디면 의식하지 않아도 자연스레 사랑으로 일하는 습관을 갖게 될 것이며, 거기에서 엄청난 기쁨을 얻게 되리라고 말했습니다.

하나님의 뜻에서 떨어지지 아니함

로렌스 형제는 우리 자신을 오로지 하나님의 뜻에 견고히 부착시키려면 믿음과 소망과 사랑을 가꾸어야 한다고 말했습니다.

"우리는 믿음과 소망과 사랑 외의 다른 것들에 마음을 쏟아서는 안 됩니다. 다른 것들을 만났을 때는 즉시 멈춰야 합니다. 그리고 마치 건널목 앞에 당도한 것처럼 잠시 숨을 고른 뒤 최대한 빨리 통과해야 합니다. 그래야만 믿음, 소망, 사랑을 통해 우리의 유일한 한 가지 목표에 집중할 수 있습니다."

그는 믿는 사람에게는 모든 것이 가능하며, 소망하는 사람에게는 그보다 더 많은 것이 가능하고, 사랑하는 사람에게는 그

보다 더 많은 것이 가능하다고 말하며, 이 세 덕목을 실천하며 인내하는 사람에게는 이 모든 것보다 더 많은 것이 가능하다고 했습니다.

그는 우리의 목표가 하나님을 가장 완벽하게 예배하는 사람이 되는 것이라고 하면서, 그것이야말로 이생에서뿐 아니라 영원에 이르기까지 지속하기를 소망하는 목표이자 모든 인간이 이룰 수 있는 목표라고 했습니다.

"우리는 영적 삶을 시작할 때 우리가 어떤 사람인지 깊이 생각해야 합니다. 그러면 우리가 모든 조롱과 업신여김을 받아 마땅한 사람이며, 그리스도인이라는 이름을 얻기에 심히 합당하지 못한 사람이라는 사실을 알게 될 것입니다. 우리는 우리를 괴롭히고 신체적 정신적 건강과 기분과 내적 외적 성향을 요동하게 만드는 모든 종류의 비참함과 재난과 고난에 예속되어 있는 사람입니다. 요컨대 하나님께서 수없는 내적 외적 역경과 수고를 통해 낮아지게 만들기 원하시는 인간임을 깨닫게 되는 것입니다. 그렇다면 이 사실을 알게 된 우리가, 이웃들이 우리에게 고난을 주고 반대하고 핍박하고 시험한다고 놀라서야 되겠습니까? 오히려 그것을 우리 영혼에 유익으로 여겨 굴복하고 감내하며 계속 낮아지는 것이 하나님을 기쁘시게 하는 일이라면 응당 그렇게 해야 하지 않겠습니까?"

마지막으로 로렌스 형제는 온전함에 이르기를 열망하는 영혼일수록 하나님의 은혜를 더욱 의지해야 한다고 말했습니다.

1667년 11월 25일

소중한 마음이 담긴 편지로 격려를 받다 | 편지

로렌스 형제가 생전에 주고받았던 많은 편지들 가운데 16통의 편지가 보존 수집되었습니다. 편지들의 내용은 간결하지만 그의 생애와 사상의 중심 메시지를 명확하게 전달하는 데 부족함이 없을 뿐 아니라 그의 삶을 통해 유익을 얻기에 충분할 것입니다.

첫 번째 편지

하나님 임재 연습을 통해
내면의 보화를 발견하십시오

경애하는 N 수녀원장님

'N'이라는 호칭을 사용한 연유는… 이해해주시기 바랍니다. 얼마 전 저희 형제 중 한 사람(로렌스 형제 자신을 칭함)이 하나님의 임재를 연습하여 얻은 지속적인 도움과 놀라운 결과를 제게 전해주었기에 이를 수녀원장님과 나누고자 이렇게 펜을 들었습니다.

그는 지난 40년 동안 오로지 하나님을 향한 순수한 사랑에 시선을 고정시킨 채 하나님과 함께하는 것에만 관심을 기울였습니다. 그는 하나님께서는 무한한 사랑을 받기에 합당하신 분이라는 사실을 잘 알고 있었기에 모든 것을 하나님을 사랑하는 마음으로 행했습니다. 하나님을 기쁘게 하지 못하는 것은 아무 것도 행하지 않았고, 생각하지 않았고, 말하지 않았습니다.

이제 그는 하나님의 임재에 매우 익숙해져서 어떤 상황에 처하든지 끊임없이 도움을 받고 있습니다. 그의 영혼은 지난 30여 년 동안 너무 큰 기쁨을 맛보았는데, 때로는 그 기쁨이 감당하지 못할 만큼 커지기도 했습니다. 그래서 그런 기쁨을 절제하고 겉으로 드러내지 않기 위해 부득불 경건보다는 광기에 가까워 보이는 유치한 행동들을 하기도 했었지요.

가끔 그가 하나님의 임재를 의식하는 것을 잠시 잊기라도 하면, 하나님께서는 즉시 그의 영혼이 하나님을 느끼도록 하십니다. 이런 일은 그가 분주히 임무에 몰두할 때 종종 일어납니다.

이렇게 내면에서 음성이 들릴 때면 그는 자신의 심령을 하나님께로 올려 드리거나 사랑이 가득하고 부드러운 시선으로 하나님을 응시했고, 때로는 "하나님! 제가 여기 있습니다. 저는 전적으로 주님의 것입니다. 주님의 기쁘신 뜻대로 제게 행하시옵소서!"라는 고백들을 아뢰며 신실하게 응답합니다. 그러면 곧 사랑의 하나님께서는 그의 사랑의 고백에 흐뭇해 하시며 그의 영혼 가장 깊은 곳으로 돌아와 편히 쉬며 주무시는 것(말하자면 그렇다는 것입니다)을 느낄 수가 있습니다.

이런 체험을 통해 그는 하나님께서 언제나 자신의 영혼 깊은 곳에 계시다는 사실을 분명히 확신하게 되었습니다. 그래서 무슨 일을 하든지 혹 무슨 일이 일어나든지 간에 이 사실을 결코 의심하지 않습니다.

존경하는 수녀원장님, 그 형제가 얼마나 큰 만족과 흡족함을 누리고 있는지 충분히 느끼실 수 있으리라 생각됩니다.

그는 이렇듯 자신의 내면에 있는 귀하고도 귀한 보화를 이미 간직하고 있기 때문에 더 이상 그것을 발견하기 위해 노심초사하거나 찾아 헤매는 수고를 하지 않습니다. 그는 언제라도 이 보화에 다가갈 수 있으며 원할 때마다 누릴 수 있습니다.

그는 종종 사람들이 앞뒤 분간을 못한다고 한탄하곤 합니다. 너무나 쩨쩨한 것에 만족하려는 사람들이 안타깝기 그지없다고 외치며 이렇게 말합니다.

"하나님께는 우리에게 주실 무한한 보화가 있습니다. 그런데도 우리는 잠깐 있다 사라지는 유형의 행위에 만족합니다. 아, 우리는 정말 눈이 멀고 말았습니다! 이런 식으로 하나님의 손을 꽁꽁 묶어 하나님의 풍성하신 은혜를 차단하고 있으니 말입니다. 그러나 하나님께서는 생동하는 믿음으로 가득 찬 영혼을 발견하실 때마다 은혜를 넘치도록 부어주십니다. 하나님의 은혜는 급류와도 같아, 평소에 흐르던 수로가 막혔을 때는 다른 길을 찾습니다. 그리고 마침내 다른 수로를 발견하면 그 길을 따라 맹렬한 기세로 넘쳐 흐릅니다."

그렇습니다. 우리는 이 급류를 귀하게 여기지 않아 종종 차단하고 있습니다. 그러나 경애하는 수녀원장님, 이제 더 이상 하나님의 은혜의 급류를 차단하지 맙시다! 우리 마음을 살펴 둑을 헐어버리고, 하나님의 은혜가 콸콸 흐르도록 다시 길을 냅시다! 허비했던 시간을 보충합시다! 살아갈 수 있는 날들이 그렇게 많지 않습니다. 죽음이 우리 뒤를 바싹 따라오고 있습니다. 그러니 세심한 주의를 기울여 준비합시다. 삶은 한 번만 주어지는 기회이기 때문입니다.

재차 말씀드리지만 우리 마음을 살핍시다! 지금은 절박한 때입니다. 더 이상 뒤로 미룰 수가 없습니다. 사람은 누구나 단독자로서 죽음을 맞이합니다. 수녀원장님은 충분히 대비하셨을 테니 죽음이 닥쳐와도 놀라지 않으리라 믿습니다. 그런 점에서 수녀원장님을 존경해마지 않습니다. 왜냐하면 죽음을 대비하는 일은 전적으로 우리의 인생이 달린 일이기 때문입니다.

그러나 우리는 여기에 만족하지 말고 끊임없이 나아가야 합니다. 영적인 삶에서 진보하지 않는다는 것은 곧 퇴보한다는 것을 뜻하기 때문입니다. 하지만 성령의 바람을 의지하는 사람들은 잠자고 있을 때에라도 안전하게 항해할 것입니다. 거친 광풍과 사나운 폭우가 우리 영혼의 조각배를 난타하면 그곳에서 쉬고 계신 주님을 깨웁시다! 그러면 주께서 곧 바다를 잠잠케 하실 것입니다.

존경하는 수녀원장님! 제가 그 형제의 이야기를 이처럼 전한 것은, 심히 무례하게도 그의 신앙생활과 수녀원장님의 신앙생활을 견주어보십사 하는 바람 때문입니다. 혹여 수녀원장님의 믿음이 조금, 아주 조금이라도 식었다면(물론 이런 일은 결코 일어나서는 안 되겠습니다만) 이 이야기로 다시 불이 붙어 활활 타오르기를 소망합니다. 우리가 처음에 품었던 열정을 기억합시다! 세상적으로 보자면 그리 유명한 사람은 아니지만, 하나님은 익히 잘 아시는 하나님의 따스한 보살핌을 받고 있는 이 형제의 생각과 본을 통해 유익을 얻으시기 바랍니다.

그렇게 될 수 있도록 수녀원장님을 위해 진정으로 기도하겠습니다. 수녀원장님께서도 우리 주님이신 그리스도 안에 있는 형제를 위해서 진정으로 기도해주시기 바랍니다.

미약한 로렌스 형제가
파리에서

하나님의 은혜로부터
결코 물러나지 않겠다고 결단하십시오

경애하는 N 수녀원장님

오늘 N 자매로부터 책 두 권과 편지 한 통을 받았습니다. 최종 서원을 준비하고 있는 그 자매는 수녀원장님과 함께 기거하고 있는 자매들에게 기도를 요청하였고, 특별히 그 감격스러운 의식을 위해 수녀원장님께서 기도해주시기를 부탁하였습니다. 그 자매가 기도의 힘을 확신하고 있으니 부디 실망시키지 않으셨으면 합니다. 그녀가 오직 하나님을 향한 사랑으로 헌신할 수 있도록, 그리고 전적으로 하나님의 소유가 되고자 하는 단호한 결의로 헌신할 수 있도록 하나님께 간구해주십시오.

오늘 받은 두 권의 책은 하나님의 임재를 다룬 것들인데, 그 가운데 한 권을 보내드리겠습니다. 저는 하나님의 임재 연습이야말로 우리의 영적 삶의 전부라고 생각하며, 아울러 누구든지 그것을 올바르게 연습하기만 하면 곧 영적인 사람이 될 수 있다고 믿습니다.

진정으로 영적인 사람이 되기 위해서는 오직 하나님만 우리 마음의 주인이 되시도록 다른 모든 것들을 비워내야 합니다. 하나님께서 그것을 원하시기 때문입니다. 우리가 마음에서 하나님이 아닌 다른 것들을 깨끗이 비워내지 않으면, 하나님께서 우리 마음의 주인이 될 수 없으므로 하나님께서 우리 안에서 행하고자 하시는 일 또한 방해를 받습니다.

하나님과 지속적으로 대화하는 것보다 더 달콤하고 더 맛있는 삶은 세상에 존재하지 않습니다. 하나님과의 지속적인 대화를 실천하여 그 맛을 느껴본 사람들만이 이 말의 참뜻을 이해할 수 있습니다. 하지만 저는 그런 즐거움을 위해 하나님과의 지속적인 대화를 실천하라고 권고하지는 않겠습니다. 하나님과의 지속적인 대화를 실천하는 일로 영적 위안을 삼아서는 안 되기 때문입니다. 대신 하나님을 사랑하는 마음으로 해야겠습니다. 왜냐하면 그렇게 하는 것이 바로 하나님의 뜻이기 때문입니다.

제가 만일 설교자라면 '하나님의 임재를 지속적으로 의식하는 것' 외의 다른 것은 아무것도 설교하지 않을 것입니다. 만일 영적인 지도자라면 모든 사람에게 이런 식으로 하나님의 임재를 경험하도록 권고할 것입니다. 그것이 절대적으로 필요하며 또 어렵지 않다고 믿기 때문입니다.

아! 우리에게 하나님의 은혜와 도움이 얼마나 필요한지 정말 깨달을 수만 있다면, 우리는 결코 단 한순간이라도 하나님에게서 눈을 떼지 않을 텐데….

제 말씀을 믿으시고, 지금 이 순간부터는 하나님의 은혜로부터 결코 고의로 물러나지 않겠다고 신령한 마음으로 굳게 결단하십시오. 하나님과 지속적으로 대화하면서 하나님의 거룩하신 임재 안에서 남은 인생을 살아가시기 바랍니다. 그런 식으로 하나님을 사랑하다가는 하늘과 땅의 모든 위로를 빼앗길 것이라고, 하나님께서 직접 판정하신다고 해도 그렇게 하십시오.

이제 쟁기를 잡으십시오. 마땅히 해야 할 바대로 일하면 수고의 열매를 거둘 것이라고 확신하십시오. 제 기도의 힘이 심히 보잘것없지만 그래도 기도로 돕겠습니다. 수녀원장님과 함께 거하는 모든 자매들의 기도에, 특별히 수녀원장님의 기도에 저를 맡깁니다.

미약한 로렌스 형제가

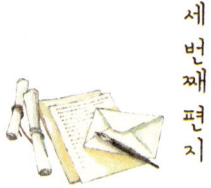

하나님과의 신령한 사랑의 교제를
중단하지 마십시오

경애하는 N 수녀원장님

N 자매 편에 보내주신 기도서를 잘 받았습니다. 그런데 일전에 보내드린 책에 대한 수녀원장님의 소감을 보내주시지 않아 다소 당황하였습니다. 분명 받아보셨을 텐데 말입니다. 수녀원장님의 연세가 연세이니 만큼, 지금부터라도 열심히 하나님과의 지속적인 대화를 실천하시기 바랍니다. 무엇을 시작하기에 너무 늦은 나이란 없습니다.

믿는 사람들이 하나님의 임재를 지속적으로 의식하는 훈련을 하지 않으면서, 어떻게 행복하고 만족스러운 삶을 살 수 있다는 것인지 저로서는 도무지 이해할 수 없습니다. 저에 대해 말씀드리면, 할 수 있는 대로 언제나 영혼 한가운데 가장 깊은 곳에서 하나님과 함께 쉽니다. 그렇게 하나님과 함께할 때 근심 걱정과 두려움이 사라집니다. 그러나 하나님에게서 잠시라도 눈을 떼면 금세 근심과 두려움이 저를 반겨 괴로움에 빠뜨립니다.

하나님 임재 연습이 우리의 육신을 쇠약하게 만들지는 않지만, 가끔(실은 자주) 우리 육신이 정당하게 누리는 단순한 위안들을 앗아갑니다. 그도 그럴 것이, 우리의 영혼을 온전히 소유하기를 원하시는 하나님께서 우리 영혼이 하나님 이외에 다른 것에서 위안 얻는 것을 허락하지 않으시기 때문입니다. 충분히 이해할 수 있는 일입니다.

그러나 우리 자신을 철저히 억누르고 절제해야만 이런 훈련을 할 수 있다고 말씀드리는 것은 아닙니다. 절대로 그렇지 않습니다! 우리 마음이 한눈을 팔고 있다는 것을 깨달을 때마다 우리의 눈을 온화하고 평온하게 하나님께로 향하게 한다면 신령한 자유함 속에서 하나님을 섬길 수 있기 때문입니다.

일상의 삶 속에서 하나님의 임재를 의식하는 훈련을 하고 있는 동안에는 하나님을 전적으로 신뢰하는 것이 매우 중요합니다. 모든 걱정거리들을 마음에서 제거해야 합니다. 심지어 개인 경건의 시간에 대한 생각까지도 말입니다. 개인 경건의 시간은 그 자체로 보았을 때 선한 것이지만, 하나님의 임재 훈련을 하는 도중에 경건의 시간이 되었다고 해서 이 훈련을 중단하고 돌아가는 것은 바람직하지 못합니다. 왜냐하면 그것은 '하나님과 함께하는' 목표에 도달하기 위한 수단에 불과하기 때문입니다.

우리는 하나님의 임재를 연습함으로써 하나님과 함께하는 목표에 도달하게 되므로 그렇게 하기 위한 수단으로 다시 돌아갈 필요가 없습니다. 그런 식으로 하나님과의 신령한 교제의 흐름을 끊어버리기보다는 찬양이나 예배나 기도를 병행함으로써, 또 때로는 감사나 전폭적인 맡김이나 또 다른 방법을 통해 하나님의 거룩하신 임재 안에 계속 머물러 있어야 하며, 이미 시작된 이 신령한 사랑의 교제를 중단하지 말아야 합니다.

어쩌면 우리의 본성이 이런 훈련에 저항할는지도 모릅니다. 그러나 그럴 때라도 낙담하지 말고 계속 강행군을 하시기 바랍니다. 처음에는 시간을 낭비하고 있다는 생각이 종종 들겠지만, 살아 있는 한 모든 난관을 극복하고 꿋꿋하게 목적을 관철시키고 말겠다는 단호한 결단으로 계속 밀고 나가십시오.

수녀원장님과 함께 기거하는 모든 자매들의 기도에, 특별히 수녀원장님의 기도에 저를 맡깁니다.

　　　　　　　　　　　　　　　　　　　미약한 로렌스 형제가

네 번째 편지

가능하다면 매순간 하나님을 기억하십시오

N 부인

참으로 안타까운 일이 아닐 수 없습니다. 부인께서 사사로운 문제들은 주변에 부탁하고 하나님께 기도하는 일에만 전념할 수 있다면, 지금 부인의 삶을 지배하고 있는 힘을 완전히 뒤엎고 하늘 능력으로 그것들을 대신할 수 있을 텐데 말입니다.

하나님께서는 우리에게 그다지 많은 것을 요구하지 않으십니다. 그저 우리가 자주 하나님을 기억하여 찬양하고 경배하기를 바라십니다. 때로 우리는 하나님의 은혜를 구해야 하며, 때로는 하나님을 위해 고난을 받아야 하고, 때로는 하나님께서 우리에게 베푸신 하나님의 은혜에 감사드려야 합니다.

일을 하는 동안 할 수 있는 한 자주 하나님을 떠올리십시오. 밥을 먹는 동안이나 대화를 하는 동안에도 할 수 있는 대로 자주 하나님을 기억하십시오. 아주 잠깐만 하나님을 기억해도 하나님께서는 매우 흡족해 하실 것입니다. 큰 소리로 부르짖지 않아도 됩니다. 하나님은 우리가 생각하는 것보다 훨씬 가까이 계시기 때문입니다.

예배당에 가야만 하나님과 함께할 수 있는 것이 아닙니다. 우리 마음을 기도 골방으로 만들어서, 시시때때로 일상에서 그곳으로 물러나 온화하고 겸손하고 사랑스럽게 하나님과 대화할 수 있기 때문입니다. 사람에 따라 다소 차이는 있겠지만, 모든 사람들이 이처럼 하나님과 친밀한 대화를 나눌 수 있습니다. 하나님께서는 우리가 그렇게 할 수 있다는 사실을 잘 알고 계십니다. 그러니 지금 시작하도록 합시다! 우리가 선뜻 결단하기를 하나님께서 간절히 기다리고 계신지도 모르기 때문입니다.

용기를 내십시오! 우리에게 남은 시간이 그리 많지 않습니다. 부인께서는 예순넷이 되셨고 저는 여든을 바라보고 있지 않습니까? 하나님과 함께 살고 하나님과 함께 죽읍시다. 하나님과 함께하면 우리의 고통까지 달콤해지고 더 큰 기쁨으로 채워지겠지만, 하나님과 함께하지 않으면 우리의 가장 큰 기쁨이라도 잔혹한 고문이 될 것입니다. 하나님을 송축하라! 아멘.

다음과 같은 방법대로 하나님을 예배하는 것을 점차 습관으로 만들어 가시기 바랍니다. 낮에 일하는 동안, 자주(가능하다면 매순간) 하나님의 은혜를 구하고 또 부인의 마음을 자주(가능하다면 매순간) 하나님께 바치십시오. 규칙이나 미리 정해놓은 경건 훈련 계획에 얽매일 필요는 없습니다. 그저 믿음 안에서 사랑과 겸손으로 부인의 마음을 하나님께 드리면 되는 것입니다.

제 기도의 힘이 미약하지만 N 씨와 N 부인, N 양을 위해 기도하고 있다고 전해주시고, 제가 주님 안에서 그들의 종이 되었고 또 특별히 부인의 종이 되었음을 잊지 말아주시기 바랍니다.

로렌스 형제가

다섯 번째 편지
왕이신 하나님의 품 안에 안기십시오

존경하는 N 수도원장님

저는 저의 신앙생활 방식에 대한 내용을 책에서 찾을 수가 없었습니다. 이 때문에 괴로워하지는 않지만, 더욱 확고한 확신을 얻기 위해 이렇게 편지를 드리니 저의 신앙생활 상태에 대해 수도원장님께서 의견을 주시면 참으로 기쁘겠습니다.

몇 해 전 어떤 경건한 부인과 사적인 대화를 나누던 중, 신자들의 영적 삶이 맹목적인 두려움에서 시작되어 영생에 대한 소망을 통해 중대되었다가 순수한 사랑으로 완성되는 은혜의 삶이라는 말을 들은 적이 있습니다. 또한 그녀는 사람들이 제각기 다른 단계를 따라 이 세 가지 과정을 거치면서 마침내 행복한 완성의 상태에 도달한다고 주장하였습니다.

그러나 제 신앙생활은 그런 방식으로 진행되지 않았습니다. 오히려 저는 처음부터, 저 자신도 이해할 수 없는 몇 가지 이유로 그런 방법들이 꺼려졌습니다.

제가 수도생활을 처음 시작했을 때, 지난날의 잘못을 갚기 위해 저 자신을 전적으로 하나님께 바치기로 결단하고, 또 하나님을 순수하게 사랑하는 마음으로 하나님이 아닌 모든 것을 거부하기로 결단한 것은 바로 그런 까닭 때문이었습니다.

처음 몇 해 동안, 저는 죽음과 심판과 지옥과 천국과 저의 죄에 대해 골몰하면서 규칙적으로 정해진 기도 시간을 보냈습니다. 그러나 나머지 시간에는, 심지어 일상의 임무를 수행하는 중에도 하나님의 임재를 의식하는 데 전념하였습니다. 저는 하나님이 언제나 정말 가까이 계시므로 마음 깊은 곳에서 하나님을 발견할 수 있다고 믿어 의심하지 않았습니다.

이런 훈련은 제게 하나님만을 귀히 여기는 믿음을 주었고, 저는 그런 믿음만으로 만족할 수 있었습니다. 그리고 그렇게 얼마 지나지 않아, 저는 저도 모르게 정해진 기도 시간에도 하나님의 임재를 의식하는 것에 몰두하게 되었습니다. 이런 체험은 제게 말할 수 없는 달콤함과 위안을 안겨주었습니다. 이렇게 해서 저는 하나님의 임재를 연습하는 삶을 살기 시작하였습니다.

하지만 처음 10년 동안은 무척이나 괴로웠습니다. 제 소망과는 달리 하나님께 속한 사람이 되지 못하면 어쩌나 하는 염려와 함께 과거에 지었던 죄들이 항상 제 앞에 있어서 하나님께서 소나기처럼 부어주시는 은혜를 가렸기 때문입니다. 그 두 가지가 제 아픔의 원인이자 요인이었습니다.

이 시기에 저는 자주 넘어졌고 또 그때마다 바로바로 일어났습니다. 모든 피조물들과 이성적인 생각, 심지어 하나님조차도 저를 대적하는 반면 오로지 믿음만이 제 편인 것처럼 느껴졌습니다. 때로는 가장 추악하고 비참한 죄인인 주제에 다른 사람들이 힘들게 도달하는 곳에 갑자기 도달하려 열망하는 것이 철면피 같은 뻔뻔스러움의 발로가 아니냐는 생각으로 힘들었으며, 때로는 이 모든 것이 저를 무자비하게 파괴하기 위한 음흉한 계략이며 저를 위한 구원 같은 것은 애당초 있지도 않다는 생각으로 괴로워했습니다.

그러던 어느 날, 제가 이렇게 괴로워하는 것이 오로지 하나님을 향한 사랑 때문이며 또 하나님을 기쁘게 해드리지 못하면 안 된다는 염려 때문이라는 것을 생각하다가, 제가 가장 추악하고 비참하고 무익한 죄인이라는 것을 깨달아 가혹한 고통을 받는 것이 하나님의 기쁘신 뜻이라면, 남은 생애 동안에만 아니라 영원의 시간 동안이라도 하나님을 사랑하는 마음으로 그 모든 것을 기쁘게 견뎌 내리라 굳게 결단하여 제 모든 것을 하나님께 온전히 맡기게 되었습니다.

그러자 이런 괴로움과 염려 속에서 생을 마감하는 것 말고는 달리 도리가 없다는 생각(이런 생각은 하나님에 대한 제 믿음을 감소시키기는커녕 오히려 증대시켰습니다만)에서 벗어날 수 있었고, 제가 갑자기 달라지는 것을 깨달았습니다. 그때까지 늘 괴로움에 싸여 있던 제 영혼은 깊은 내적 평화를 느끼게 되었습니다. 마치 하늘의 평화가 제 영혼 한가운데로 들어와 편히 쉬는 것만 같았습니다.

그 후로 저는 저 자신을 완전히 잊고 오로지 믿음과 겸손과 사랑으로 단순하게 하나님의 임재를 의식하기 위해 힘써 왔으며, 하나님을 기쁘시게 하지 못하는 것은 아무것도 행하지 않고 말하지 않고 생각하지 않기 위해 세심하게 전념해왔습니다. 지금은 다만, 제가 할 수 있는 모든 일들을 다했을 때 하나님께서 완벽하고도 기쁘신 뜻을 따라 제게 행해주시기를 소망하고 있습니다.

지금 제 내면에서 일어나고 있는 일들에 대해서 어떻게 설명해야 할지 잘 모르겠습니다. 현재 제 상태에 대해 저는 아무런 괴로움도 의심도 없습니다. 저는 하나님의 뜻 이외의 다른 것은 조금도 내켜 하지 않으며, 범사에 하나님의 뜻을 이루기 위해 노력하고 있습니다.

저는 하나님의 뜻에 정말이지 철저하게 굴복하고 있기 때문에 땅에서 지푸라기 한 가닥을 주워 올리는 것조차도, 그것이 하나님을 기쁘게 해드리지 못하는 일이거나 혹 하나님을 향한 순수한 사랑 이외의 다른 동기에서 나온 것이면 결코 행하려 하지 않습니다.

저는 꼭 필요하지 않은 헌신 행위들과 형식적인 기도를 그만두었습니다. 대신 하나님께 계속 주의를 집중하고 또 사랑하는 마음으로 언제나 하나님을 의식함으로써 저 자신을 하나님의 거룩하신 임재 안에 가두는 데 전념하고 있습니다. 이는 천국에서 완벽하게 누릴 수 있는 '하나님의 임재'를 이생에서 '순간순간 연습하는 것'이라 칭할 만한 것으로서, 하나님과 우리 영혼 사이의 고요하고도 은밀한, 끊임없고 친밀한 대화라고 할 수도 있겠습니다. 때때로 이 대화는 심오한 내적 만족과 기쁨을 주며, 또 종종 엄청난 외적 감격을 안겨주기도 합니다. 이 기쁨과 감격이 너무 커서 그 기쁨을 드러내지 않고 절제하려면 경건보다는 차라리 광기(狂氣)에 가까운, 어린아이 같은 유치한 행동을 하지 않을 수 없을 때도 있습니다.

존경하는 수도원장님, 저는 제 영혼이 30년이 넘는 지난 세월 동안 줄곧 하나님과 함께했다는 것을 추호도 의심하지 않습니다. 혹시 수도원장님께서 지루해 하실 수도 있으니 다른 이야기들은 생략하기로 하고, 제가 우리의 왕이신 하나님과 언제나 함께하고 있다는 것을 어떻게 알았는지에 대해서 간략히 말씀드리고자 합니다.

저는 저 자신을 모든 인간 중에 가장 비참한 자, 염증이 곪아 터져 너덜너덜해진 자, 악취를 풍기는 자, 자신의 왕을 거역

하여 온갖 죄를 범한 자로 여깁니다. 저는 깊이 뉘우치는 마음으로 제 모든 악한 행사를 그분께 자백하고, 그분의 용서를 구하며, 기쁘신 처분을 기다리며 그분의 손에 저를 온통 내맡깁니다. 그러면 지극히 선하시고 자비로우신 이 왕께서는 저를 벌하시기는커녕 사랑으로 안아주시고, 자신의 식탁에서 함께 먹게 하시고, 친히 음식을 갖다주시고, 자신의 보물창고의 열쇠를 주시고, 저와 이야기를 나누시고, 수천수만 가지 방법으로 저와 사귀는 데서 끝없는 기쁨을 느끼시고, 저의 죄를 용서하는 것이나 옛 습관을 제하는 것에 대해 아무 말씀도 하지 않으시며 모든 면에서 그저 친자식처럼 대해주십니다. 저는 제가 얼마나 나약하고 비참한 인간인지 잘 알아, 기쁘신 뜻대로 처분하여주십사 간청하지만, 그분은 그럴수록 더욱 따스하게 보살펴주십니다. 제가 하나님의 거룩하신 임재 안에 항상 머물러 있다고 생각하는 연유가 바로 이 때문입니다.

저는 언제나 단순하게 하나님께 주의를 집중합니다. 사랑하는 마음으로 언제나 하나님을 의식합니다. 이것이 제 일상의 습관입니다. 저는 종종 제 자신이 하나님께 찰싹 달라붙어, 엄마의 젖을 먹는 아기가 맛보는 것보다 훨씬 더 큰 만족과 달콤함을 맛보고 있습니다. 그러므로 저는 이런 상태를 감히 '하나님의 젖을 먹는 것'이라 일컫고 싶습니다. 그런 말이 아니면, 하나님의 품에 안겨 체험하고 맛보는 이 달콤함을 달리 표현할 길이 없기 때문입니다.

물론 제 연약함이나 타의에 의해 어쩔 수 없이 이런 상태에서 벗어나는 경우도 있습니다. 그러나 그럴 때마다 너무도 귀하고 신비로워 뭐라고 말하기 어려운 내면의 움직임이 저를 이끌어 즉시 제자리로 돌아가게 합니다. 제가 얼마나 무가치한 인간인지는 존경하는 수도원장님께서 익히 알고 계실 터이니, 하나님께서 제 영혼에게 허락하신 엄청난 은혜를 주목하지 마시고, 하나님의 은혜를 받을 자격도 없고 보답할 줄도 모르는 저 같은 인간에게 하나님께서 놀라운 은혜를 허락하셨다는 사실에 주목해주시기를 바랍니다.

지금 저는 정해진 기도 시간에도 이와 같은 훈련을 계속하며 그 밖에 다른 것은 아무것도 하지 않습니다. 저는 이렇게 하나님을 끊임없이 의식하는 훈련을 하면서 때로 제 자신을 조각가 앞에 놓인 돌로 생각하곤 합니다. 위대한 조각가일수록 위대한 예술작품을 만들 것이므로 저는 가장 위대한 조각가이신 하나님 앞에 제 자신을 돌처럼 내어놓고, 하나님의 완벽하신 형상을 제 영혼에 새겨 온전히 하나님을 닮을 수 있게 해달라고 구합니다.

어떤 때는 이 훈련에 열중하기 시작하자마자, 미처 어떤 노력이나 수고도 하기 전에 제 정신과 영혼이 위로 높이 솟아 하나님께 집중하고, 하나님 곁에 머물며, 하나님 안에서 쉴 곳을 찾는 것을 느낍니다.

이런 상태를 게으름이나 마귀의 미혹이나 자기애(自己愛)로 여길 사람들이 있다는 것을 저도 잘 알고 있습니다. 만일 이런 상태에 있는 영혼이 게으름을 피울 수 있다면, 그것이야말로 거룩한 게으름이라고 인정하겠습니다. 그리고 만일 이런 상태에 있는 영혼이 자신을 사랑할 수 있다면, 그것이야말로 행복한 자기애라고 인정하겠습니다. 사실 우리 영혼이 이런 식으로 편히 쉴 때 바로 전까지 관심을 쏟았던 것들, 곧 우리 영혼을 지탱해주었을지 몰라도, 우리 영혼에 해만 입혔던 것들이 낳는 결과들로 더 이상 고통을 받지 않기 때문입니다.

그렇지만 이런 상태를 마귀의 미혹이라 칭하는 것은 용인할 수 없습니다. 왜냐하면 이런 상태에서 하나님을 즐거워하는 영혼은 하나님 말고는 아무것도 원하지 않기 때문입니다. 만일 이것이 제가 마귀에게 미혹당한 결과라면, 다른 누구도 아닌 하나님께서 반드시 깨우쳐주실 것입니다. 하나님께서 기쁘신 뜻을 따라 제게 해주시기를 바랄 뿐입니다. 저는 오로지 하나님만을 원합니다. 저는 온전히 하나님의 것이 되기를 바랍니다.

평소 수도원장님을 특별히 존경하여 고견(高見)에 늘 경의를 표하고 있으니, 이번에도 이 편지에 대한 수도원장님의 고견을 전해주시면 감사하는 마음 그지없겠습니다.

                              미약한 로렌스 형제가

여섯 번째 편지

주님과 함께 있는데 무엇이 두렵겠습니까?

경애하는 N 수녀원장님

제 기도의 힘이 심히 미약하지만, 수녀원장님을 위해 기도하겠다고 약속했으니 반드시 지킬 것입니다. 복음이 말하는 보화를 발견할 수 있다면 우리는 얼마나 행복할까요? 다른 모든 것들은 아무것도 아닌 것처럼 보일 것입니다. 그 보화는 무궁무진하므로 깊이 파면 팔수록 더 많은 것들을 발견할 수 있을 것입니다. 그러니 쉬지 말고 탐색합시다! 온전히 손에 넣을 때까지 피곤해 하지 맙시다!

경애하는 수녀원장님, 앞으로 제가 어떻게 될지 잘 모르겠습니다. 자고 있는 동안에도 영혼의 평화와 마음의 안식이 임하는 것 같습니다. 제가 이 질병의 고통을 견뎌낼 수 있다면, 그것은 그동안 주님을 위해 충분한 고난을 받지 않았다는 생각 덕분일 것입니다. 그리고 만일 주님께서 그렇게 허락하신다면, 우리 주님께서 저의 죄를 위해 십자가에서 당하셨던 고난을 기억하면서 기꺼이 위로를 삼을 것입니다. 저는 하나님께서 저를 어떻게 생각하시는지 잘 모릅니다. 그러나 지금 저는 정말 평화롭기 때문에 아무것도 두렵지 않습니다. 주님과 함께 있는데 무엇이 두렵겠습니까? 저는 온 힘을 다하여 이 확신에 매달립니다.

  범사에 주님을 찬양하라! 아멘.

미약한 로렌스 형제가

일곱 번째 편지

하나님을 더욱 신뢰하십시오

N 부인

하나님은 우리에게 무엇이 필요한지 다 아시는 지극히 선하신 주님이십니다. 저는 하나님께서 부인의 고난을 덜어주시리라 늘 믿고 있습니다. 다만 하나님께서는 그분의 완전한 때, 부인께서 전혀 예측할 수 없을 때 오실 것입니다. 그러니 그 어느 때보다 더 간절하게 하나님께 소망을 두시기 바랍니다. 하나님께서 부인에게 베풀고 계신 은혜에 대해 저와 함께 감사드리되, 특별히 지금의 이 고통을 견딜 수 있도록 베풀어주시는 힘과 인내에 대해 감사드리기 바랍니다. 이는 하나님께서 부인을 자상하게 돌보고 계시다는 명백한 징표입니다. 그러니 하나님으로 위안을 삼으시고 범사에 감사하시기 바랍니다.

또한 저는 N 씨의 용기와 강인함에 탄복하는 바입니다. 하나님께서 그에게 선한 본성과 온정을 허락하셨습니다. 아직 그에게 세상적인 것들과 젊은 혈기가 어지간히 남아 있는 것 같기는 합니다만, 하나님께서 그에게 허락하신 시련이 좋은 약이 되어 자신을 깊이 살피는 계기가 되기를 바랍니다.

지금이야말로, 그가 가는 곳 어디에나 함께하시는 하나님을 더욱더 온전히 신뢰하라고 격려할 때입니다. 그가 이 사실을 가능한 대로 자주, 특별히 큰 위험에 처했을 때 더 자주 기억하도록 부인께서 도와주셨으면 좋겠습니다.

그가 지금 해야 할 일은 마음을 들어 올리는 것입니다. 그가 검(劍)을 빼들고 전장(戰場)으로 달려 나가는 중이라고 해도 하나님을 잠시 잠깐 기억하거나 내적으로 찬양한다면 그것은 더없는 기도가 됩니다. 그 기도가 아무리 짧더라도 하나님께서 매우 기뻐하실 것입니다. 그런 기도는 군복무 중인 사람들을 가장 위험한 상황에서 나약하게 하기는커녕 오히려 더욱 강인하게 만듭니다. 그러니 그가 이 사실을 언제나 잘 기억할 수 있도록, 작지만 거룩한 이 실천을 점차 습관으로 형성해 나갈 수 있도록 부인께서 도와주시기 바랍니다.

일상의 삶을 영위하면서 이런 작은 내적 예배 행위를 반복하는 것보다 더 쉬운 것은 없습니다. 다른 사람들의 눈에 띄지 않을 터이니 그들의 시선을 의식할 필요도 없습니다. 제가 지금 일러드린 방식대로 최대한 자주 하나님을 기억하라고 그에게 권고하여주십시오. 이것은 목숨과 신앙이 위태로워지는 상황에 매일 노출되고 있는 군인에게 더욱 필요하고 알맞은 방법입니다.

N 씨의 가족에게 안부를 전하며 아울러 하나님께서 그들 모두를 도와주시기를 소망합니다.

미약한 로렌스 형제가

여덟 번째 편지

당신의 마음을
하나님의 임재 안에 가두십시오

경애하는 N 수녀원장님

일전에 편지에서 하신 말씀에 전적으로 동감하는 바입니다. 하나님을 지속적으로 의식하려고 노력할 때마다 온갖 생각들로 마음이 흐트러지는 것이 수녀원장님만의 사정은 아니기 때문입니다. 우리 마음은 변덕스럽기 짝이 없습니다. 그러나 의지는 우리의 모든 능력들을 지배합니다. 따라서 흩어졌던 마음을 의지의 힘으로 다시 불러들이고, 그것을 최종 목적지인 하나님께 이끌어가야 할 것입니다.

그러나 하나님께 주의를 집중하기 위한 노력을 시작하자마자 마음이 떠들썩하게 소란을 피우며 곁길로 엇나가 시간을 낭비하는 나쁜 습관을 되풀이한다면, 그런 습관을 정복하기가 좀처럼 쉽지 않습니다. 이런 습관은 우리를 어느 틈에 벌써 땅에 속한 것들로 끌고 갑니다. 자신의 부족함을 솔직히 인정하고 하나님 앞에서 자신을 낮추는 것만이 이런 습관을 교정하는 해결책이라고 믿습니다.

기도 시간에 큰 소리로 오래 기도하지 말라고 권고하고 싶습니다. 말을 많이 하는 것이 종종 산만함을 유발하는 원인이 되기 때문입니다. 하나님 앞에서는 수녀원장님 자신을 말 못하는 벙어리나 혹은 부잣집 대문 앞에 잠자코 앉아 있는 중풍 걸린 걸인으로 여겨야 합니다. 마음을 하나님의 임재 안에 가두어 놓기 위해 전념하시기 바랍니다. 때로 마음이 곁길로 엇나가 움츠리며 뒤로 물러난다 해도 염려하지 마십시오. 염려는 우리 마음을 더욱 교란시킬 뿐입니다. 그럴 때는 의지의 힘으로 조용히 마음을 불러들이십시오. 이런 식으로 잘 건너가면 하나님께서 자비를 베푸실 것입니다.

기도 시간에 마음을 하나님께로 불러들여 단단히 붙잡아놓기 위한 한 가지 수월한 방법은, 여타의 다른 시간에도 생각이 산만하게 활개 치지 못하도록 하는 것입니다. 일상의 시간에도 마음을 엄히 단속하여 하나님의 임재를 연습하는 것, 즉 '하나님께 계속 주의를 집중하고, 하나님을 계속 의식하는 것'입니다. 이런 일에 익숙해지면 기도 시간에 방황의 길을 떠나곤 했던 마음을 불러들여 평온함을 유지하기가 수월해질 것입니다.

　하나님의 임재를 연습하는 데서 얻을 수 있는 유익에 대해서라면 다른 편지에서 충분히 말씀드린 바 있습니다. 그러니 이제 진지한 자세로 이 연습에 몰두하며 서로를 위해 기도합시다!

　N 자매의 기도와 존경하는 N 수녀원장님의 기도에 저를 맡깁니다.

미약한 로렌스 형제가

아홉번째 편지

하나님을 사랑하려면
하나님을 더 자주 생각하십시오

경애하는 N 수녀원장님

N 자매의 편지에 대한 답장을 동봉합니다. 번거롭게 해드려 죄송하지만 전해주시면 감사하겠습니다. 그녀는 온정과 선의로 가득하지만, 하나님께서 허락하시는 은혜보다 더 앞서 나아가려는 것 같습니다. 한순간에 거룩한 삶에 도달할 수 있는 게 아닌데도 말입니다. 수녀원장님께서 각별한 관심으로 그 자매를 돌봐주시길 부탁드립니다. 우리가 신실한 충고의 말로 서로 돕는 것도 중요하지만, 그보다 선한 본으로 돕는 것이 더욱 중

요하니 말입니다. 그녀가 열렬한 태도로 순종하고 있는지 종종 근황을 전해주시면 참으로 감사하겠습니다.

경애하는 수녀원장님, 우리는 이생에서 우리의 유일한 직무가 하나님을 기쁘시게 하는 것임을 우리 자신에게 종종 상기시켜야 합니다. 그것 이외의 다른 모든 것들은 실로 어리석고 헛된 것에 지나지 않습니다. 수녀원장님과 저는 40년이 넘게 수도생활을 하고 있습니다. 그런데 우리는 하나님을 사랑하고 섬기도록 자비로 우리 두 사람을 불러주신 하나님을 제대로 사랑하고 섬기며 살았습니까? 솔직히 저는 하나님께서 그간에 베풀어주셨고 지금도 쉬지 않고 베풀어주시는 후한 은혜에 대해 골똘히 생각해볼 때, 한편으로는 제가 그 은혜를 제대로 활용하지 못했다는 점과 그리스도인의 완전함에 이르는 길에 별다른 진전을 이루지 못했다는 생각에 부끄러움과 당혹스러움을 금할 길이 없습니다.

자비의 하나님께서 노년의 우리 두 사람에게 약간의 시간을 더 주고 계시니, 이제라도 진지한 태도로 시작합시다! 헛되이 낭비했던 시간을 벌충합시다! 언제라도 우리를 애정 어린 손으로 받아줄 준비를 하고 계신 선하신 아버지께로 완전한 확신을 품고 돌아갑시다! 끊어버립시다! 오로지 하나님만을 사랑하기 위해 하나님이 아닌 모든 것들을 단호히 끊어버립시다! 하나님은 무한한 사랑을 받기에 합당한 분이십니다. 그러니 끊임없이 하나님만을 사랑합시다! 하나님을 전폭적으로 신뢰합시다! 저는 우리 두 사람이 하나님을 신뢰한 결과와 하나님 은혜의 풍성함을 곧 체험하게 되리라 확신합니다. 그 은혜와 함께하면 모든 것을 능히 할 수 있지만, 그렇지 않으면 오로지 죄만 짓게 될 것입니다.

하나님의 실제적인 도움이 없으면 인생의 곳곳에 도사리고 있는 위험과 암초를 피할 수 없습니다. 그러니 하나님의 도움을 계속 구합시다! 그러나 하나님과 함께하지 않으면 어떻게 도움을 구할 수 있겠습니까? 하나님께 계속 주의를 집중하면서 하나님을 계속 의식하지 않으면 어떻게 하나님을 자주 생각할 수 있겠습니까? 우리 내면에서 실천해야 하는 이 신령한 연습을 통해서가 아니면 어떻게 할 수 있단 말입니까? 제가 언제나 똑같은 말씀만 드린다고 하실지 모르겠습니다. 맞습니다! 저는 그

것보다 더 쉽고 적절한 방법을 모릅니다. 그리고 오로지 그 방법만 따르고 있기 때문에 모든 사람에게 권하는 것입니다.

어떤 사람과 친해진 뒤에야 그 사람을 사랑할 수 있습니다. 그리고 어떤 사람과 친해지려면 그 사람을 자주 생각해야 합니다. 마찬가지입니다. 하나님을 사랑하려면 먼저 하나님을 자주 생각해야 합니다. 그리고 그렇게 하나님을 사랑하게 되었을 때, 우리는 하나님을 더욱 자주 생각하게 될 것입니다. 우리가 귀히 여기는 곳에 우리의 마음도 있게 되는 법이기 때문입니다. 하나님을 계속 생각합시다!

1689년 3월 28일
미약한 로렌스 형제가

열번째 편지
얼마든지 신뢰할 수 있는 친구와 사귀십시오

N 부인

N 씨에게 편지를 쓰겠다고 마음을 먹기가 그리 쉽지 않았습니다. 하지만 부인과 N 양이 원하시기에 한 통을 기록하여 동봉하였으니, 겉봉에 N 씨의 주소를 기입하여 잘 도착할 수 있도록 배려해주시기 바랍니다.

부인께서 하나님을 그토록 신뢰하시니 제 마음까지 흡족합니다. 하나님께서 그 마음을 점점 더 크게 해주시기를 소망합니다. 지극히 선하시고 지극히 신실하신 하나님께서 우리의 친구가 되셨으니 우리는 얼마든지 하나님을 신뢰할 수 있습니다. 이생에서나 내세에서나 결코 우리를 저버리지 않을 것이기 때문입니다.

친구를 여의고 힘들어 하는 N 씨께서 이 고통으로부터 오히려 유익을 얻는 법을 배워 하나님을 온전히 신뢰한다면, 하나님께서는 그에게 더욱 능력 있고 더 선한 마음을 가진 친구를 주실 것입니다. 원하시는 뜻대로 인간의 마음을 움직이는 분이 바로 하나님이시기 때문입니다. 그런데 이 신사 분은 세상을 떠난 그 친구를 세상 사람들처럼 좋아했던 모양입니다. 우리는 친구를 사랑하되, 하나님을 향한 사랑을 훼손하지 않는 범위 안에서 사랑해야 합니다. 하나님을 향한 사랑이 먼저이기 때문입니다.

제가 권고하는 바를 깊이 유념해주시기 바랍니다. 그것은 낮이나 밤이나 일을 할 때나 예배를 드릴 때나 심지어 가족들과 지낼 때도 하나님을 자주 생각하라는 것입니다. 하나님은 언제나 부인 가까이에, 부인과 함께 계십니다. 그러니 하나님을 혼자 두고 떠나지 마십시오. 부인께서는 부인을 방문한 친구를 혼자 내버려두고 떠나는 것이 예의에 어긋난다고 생각하실 것입니다. 그럴진대, 하나님을 혼자 내버려두는 것은 얼마나 무례한 것이겠습니까? 하나님을 잊지 마십시오! 하나님을 자주 생각하십시오. 쉬지 말고 하나님을 찬양하십시오. 하나님과 함께 살고 하나님과 함께 죽으십시오. 이것이 우리가 그리스도인으로서 받은 아름다운 소명입니다. 이것이 우리의 기쁨입니다. 지금까지 몰랐다면 이제라도 배우면 됩니다.

부족하나마 기도로 부인을 돕겠습니다.

1689년 10월 29일
파리에서 미약한 로렌스 형제가

열한 번째 편지
자신의 십자가 고통에 익숙해지십시오

경애하는 N 수녀원장님

요즘 저는 수녀원장님을 질병의 고통에서 건져달라고 구하지 않습니다. 대신 그 고통이 하나님의 뜻이라면 그것을 이겨낼 힘과 인내를 허락해주십사 구하고 있습니다. 수녀원장님을 십자가에 굳게 붙들어 매시는 그분을 유일한 위안으로 삼으십시오. 합당한 때가 이르면 자유롭게 풀어주실 것이기 때문입니다.

주님과 함께 고난을 받는 사람은 복이 있습니다. 자신의 십자가 고통에 익숙해지십시오. 그리고 하나님께서 우리에게 필요하다고 판단하여 허락하시는 모든 것들을 견뎌낼 힘을 달라고 구하십시오.

세상은 이런 진리를 이해하지 못합니다. 그건 그리 놀라운 일이 아닙니다. 오히려 저를 놀라게 하는 것은, 수많은 믿음의 사람들이 고통을 당할 때 그리스도인으로서가 아니라 세상에 속한 사람들처럼 처신한다는 사실입니다. 그들은 질병을 하나님의 은혜가 아니라 육신의 아픔으로만 간주합니다. 그리고 그런 까닭에 질병이 육신을 힘들게 하고 괴롭힌다는 것 말고는 아무것도 깨닫지 못합니다. 그러나 자신들의 고통이 하나님의 손에서 나오는 것이며, 하나님의 자비의 결과이고, 자기들을 올바로 인도하기 위해 하나님께서 사용하시는 수단이라고 생각하는 사람들은 고통 속에서 실로 진한 달콤함과 위안을 얻습니다.

우리가 아무 탈 없이 건강할 때보다 오히려 질병에 걸려 연약해졌을 때 하나님께서 우리와 더욱 가까이 계신다는 사실을 확신하시길 바랍니다. 하나님 이외의 다른 의사를 의지하지 마십시오. 제가 깨달은 대로 말씀드리면, 하나님께서는 우리를 직접 치료하시기를 원하십니다. 그러니 하나님을 온전히 신뢰하십시오. 그러면 우리가 하나님보다 의술을 더 신뢰함으로써 지금까지 지체시켰던 놀라운 결과들이 앞 다투어 달려오는 것을 곧 목격하게 될 것입니다.

수녀원장님께서 어떤 치료법을 쓰시든지, 그것들은 하나님께서 허락하시는 정도 안에서만 효험을 나타낼 것입니다. 우리의 고통이 하나님께로부터 온 것이라면, 오직 하나님만이 치료하실 수 있습니다. 하나님께서는 종종 우리 영혼의 질병을 치유하기 위해 육신의 질병을 허락하십니다. 그러니 우리의 육신과 영혼을 모두 치유하시는 주권적인 의사에게서 위안을 받으시기 바랍니다.

아마도 수녀원장님께서는, 제가 주님의 식탁에서 먹고 마시는 것에 대해 너무나 쉽게 말하곤 한다고 말씀하실지 모르겠습니다. 틀린 말씀이 아닐 겁니다. 제게는 그것이 어려운 일이 아니기 때문입니다. 하지만 지독히도 추악한 죄를 지었기 때문에 왕의 용서를 확신하지 못하는 범죄자가, 왕이 직접 시중 드는 가운데 왕의 식탁에서 먹고 마실 때, 어떻게 전혀 괴롭지 않을 거라고 생각하십니까? 생각하건대 그 범죄자가 느끼게 될 고통은 너무 극심할 것입니다. 그리하여 자신의 왕이 '선한 왕'이라는 것을 전폭적으로 신뢰해야만 그 고통이 조금이나마 누그러질 것입니다.

그러므로 제가 왕이신 하나님의 식탁에서 먹고 마시는 것에서 아무리 달콤한 맛을 만끽하고 있다 하더라도, 언제나 제 눈앞에 있는 저의 죄와, 감히 용서를 확신할 수 없음으로 인하여 고통을 느끼지 않을 수가 없다고 (그 고통마저도 제게 기쁨이 되지만) 확실히 말씀드릴 수 있습니다.

하나님께서 수녀원장님을 어떤 상태에 두셨든지 그에 만족하시기 바랍니다. 수녀원장님은 저를 무척이나 행복한 사람으로 여기겠지만 저는 오히려 수녀원장님이 부럽습니다. 하나님과 함께 고통을 당하면 가장 지독한 괴로움과 아픔도 낙원이 되지만, 하나님과 함께하지 않으면 세상에서 가장 큰 즐거움이라도 지옥이 되어 버리기 때문입니다. 주님을 위해 조금이라도 고통을 받을 수 있다면 제게 말할 수 없는 위로가 될 것입니다.

저는 이제 곧 하나님을 뵈러 가게 될 것입니다. 이생에서의 모든 행적을 하나님께 해명하게 될 것입니다. 그렇게 아주 잠깐이라도 하나님을 뵐 수만 있다면 세상에서 당하는 모든 고통을 기쁘게 여길 것입니다. 제가 이생에서 가장 큰 위안으로 삼고 있는 것은, 믿음으로 하나님을 보고 있다는 것입니다. 저는 때로 "저는 더 이상 믿지 않습니다! 다만 믿음이 가르치는 것들을 보고 체험할 뿐입니다!"라고 말할 만큼 하나님을 보고 있습니다. 이런 확신 가운데 믿음을 실천하며 하나님과 함께 살고 하나님과 함께 죽을 것입니다.

그러니 언제나 하나님과 함께하십시오. 그것만이 고통 중에 계신 수녀원장님의 유일한 위안과 위로가 될 것입니다. 하나님께서 수녀원장님과 늘 함께해주시기를 기도드리겠습니다.

1690년 11월 17일
미약한 로렌스 형제가

열두 번째 편지

하나님을 계속 생각하는 본성에 따르십시오

경애하는 N 수녀원장님

자비로우신 주님께서 기꺼이 허락하신 덕택에 가능했던 바, '하나님의 임재를 지속적으로 의식하는 상태'에 도달하기 위한 방법을 알려달라는 수녀원장님의 갈망이 실로 강렬하여, 오래 꺼리다가 마침내 그 끈덕짐에 손을 들게 되었습니다. 하지만 한 가지 조건이 있습니다. 이 편지를 다른 누구에게도 보여주면 안 된다는 것입니다. 만에 하나 이 편지를 다른 사람들에게 보여주었다는 것을 제가 알게 되면, 수녀원장님의 신앙 성숙을 위

한 저의 간절한 소망에도 불구하고 다시는 이런 이야기를 나누지 못할 것입니다. 제가 드릴 말씀은 다음과 같습니다.

저는 하나님께 이르기 위한 갖가지 방법론과 다양한 영적 실천에 대해 말하는 책을 몇 권씩 읽었지만, 그것들은 제가 찾고 있던 것을 더 쉽게 얻게 하기는커녕 오히려 마음을 혼란스럽게 했습니다. 제가 찾고 있던 것은 오로지 하나님께 전적으로 속하기 위한 방법뿐이었습니다.

이를 위해 저는 제 모든 것을 버리기로 결단했습니다. 모든 것을 얻기 위해 모든 것을 바치기로 한 것입니다. 그렇게 지난날의 죄를 갚기 위해 저 자신을 하나님께 온전히 드린 뒤에는 하나님을 사랑하기 위해 하나님이 아닌 것은 모두 거부했으며, 이 세상에 오직 하나님과 저만 존재하는 것처럼 살기 시작했습니다. 때로 저는 하나님 앞에 있는 제 자신이 재판관 아래 있는 추악한 범죄자로 여겨졌고, 때로는 제 심령 안에 계신 하나님을 아버지로 여기기도 했습니다. 저는 할 수 있는 대로 자주 마음으로 하나님을 예배하였고, 하나님께 계속 주의를 집중하고 하나님을 계속 의식하면서 제 마음을 하나님의 거룩하신 임재 안에 가두었고, 제 마음이 하나님을 떠나 방황할 때마다 즉시 하나님께로 다시 불러들였습니다. 처음에는 어려움도 많았지만 굴하지 않고 계속하였으며, 무심결에 제 마음이 방황하며 여기저기 헤맬 때도 그로 인해 괴로워하거나 근심하지 않았습니다.

기도를 위해 따로 구별해둔 시간만 아니라 하루 온 종일 이 훈련을 지속하였습니다. 언제나, 매시간, 매순간, 심지어 가장 분주하게 일하는 순간에도, 하나님에 대한 생각을 제게서 빼앗아 갈 수 있는 모든 것들을 제 마음에서 추방하였습니다.

경애하는 수녀원장님, 이것이 바로 제가 수련수사 시절부터 지속해온 평범한 습관입니다. 비록 나약한 마음으로 불완전하게 실천해왔지만, 저는 훈련을 통해 실로 엄청난 은혜와 복을 받았습니다. 물론 제가 받은 모든 은혜와 복을 우리 주님의 자비와 선하심 덕분으로 돌려야 한다는 것을 잘 알고 있습니다. 왜냐하면 우리는 하나님 없이 아무것도 할 수 없기 때문입니다. 특히 누구보다 더 미약한 저로서 더욱 그렇다고 하겠습니다. 그러나 신실한 마음으로 우리 자신을 하나님의 거룩하신 임재 안에 가두어놓고 또 하나님께서 언제나 우리 앞에 계심을 성실하게 의식할 때, 하나님의 뜻을 고의적으로 거스르거나 하나님의 뜻에서 어긋나 실족하는 사태가 발생하지 않도록 예방할 수 있습니다. 뿐만 아니라 우리에게 필요한 은혜를 마음껏 구하는 거룩한 자유를 누릴 수 있게 됩니다.

마지막으로, 이 훈련들을 반복하다보면 그것이 우리에게 더욱 익숙해지고 하나님을 계속 생각하는 것이 우리 본성의 일부처럼 될 것입니다. 지극한 은총으로 저를 대해주시는 하나님께 저와 함께 감사를 드립시다. 이처럼 비참한 죄인에게 그토록 엄청난 은혜를 부어주신 하나님을 아무리 찬양해도 다하지 못할 것입니다.

만민들아, 하나님을 송축하라! 아멘.

미약한 로렌스 형제가

열세 번째 편지

하나님은 당신을
결코 혼자 버려두지 않으십니다

경애하는 N 수녀원장님

우리가 하나님 임재를 연습하는 것에 정말 익숙해지면 육신의 모든 질병이 하찮게 보일 것입니다. 하나님께서는 종종 우리를 정결케 하고 또 하나님과 함께 머물도록 하기 위해 육신의 고통을 다소간 허락하십니다. 우리의 영혼이 하나님과 함께하며 오직 하나님만을 원할 때, 모든 고통을 불사할 만큼 담대해진다는 것이 저는 그저 놀랍기만 합니다. 저의 체험이 이를 입증하고 있습니다.

그러니 용기를 가지세요. 수녀원장님의 고통을 하나님께 끊임없이 아뢰며, 고통을 견뎌낼 힘을 달라고 구하시기 바랍니다. 그리고 무엇보다 하나님과 자주 대화하기를 습관처럼 행하고 가능한 한 하나님을 망각하는 일이 없도록 노력하십시오. 육신적으로 연약할 때 하나님을 예배하시기 바랍니다. 그 예배를 희생의 제물 삼아 하나님 앞에 자주 올려드리시기 바랍니다. 통증이 극에 달할 때는 마치 어린 자녀가 사랑이 많으신 아버지에게 다정하고도 겸손하게 구하는 것처럼, 하나님의 거룩하신 뜻에 순종할 수 있게 해달라고 구하시고 또 은혜의 도움을 내려달라고 구하시기 바랍니다.

하나님께서는 갖가지 방법으로 우리를 이끄시지만 때로는 우리에게서 숨으십니다. 그러나 그럴 때라도 오직 믿음만을 의지해야 합니다. 믿음은 우리를 실망시키는 법이 없기 때문입니다. 하나님에 대한 믿음만이 우리의 모든 신뢰와 확신의 유일한 기초가 되어야 합니다.

앞으로 하나님께서 제게 어떻게 행하실는지 저는 잘 모릅니다. 그러나 저는 날이 갈수록 더 행복합니다. 모든 사람들은 다

고통을 당합니다. 그러나 가장 엄격하게 회개해야 마땅한 제가 실로 지속적이고 엄청난 기쁨을 누리고 있어서 스스로 제어하기 어렵습니다. 수녀원장님의 고통을 나눠 갖게 해달라고 자진하여 하나님께 간청하고 싶었지만, 제가 심히 연약한 인간임을 누구보다 잘 알고 있어 하는 수 없이 마음을 거두었습니다. 하나님께서 단 일 초라도 저를 혼자 내버려두시면 저는 필경 모든 피조물 가운데 가장 비참한 존재가 되고 말 것입니다.

그런데 과연 하나님께서 저를 혼자 내버려두실 수 있을지 모르겠습니다. 왜냐하면 제 믿음이 하나님을 정말 생생한 분으로 만들어, 제가 언제나 실제로 하나님을 만지는 것같이 느끼고 있기 때문입니다. 우리가 먼저 등을 돌리지 않는다면 하나님은 결코 우리에게서 등을 돌리지 않으십니다. 그러니 하나님께 등을 돌리지 않도록 합시다. 언제나 하나님과 함께 머무릅시다. 하나님과 함께 살고 하나님과 함께 죽읍시다.

미약하지만 제 기도로 수녀원장님을 돕겠습니다.

1690년 11월 28일
미약한 로렌스 형제가

열네 번째 편지

하나님 안에 있는 위로가 아닌
다른 위로를 찾지 마십시오

N 수녀원장님

수녀원장님께서 그렇게 오래 병고를 앓는 것을 보니 제 마음도 무너질 듯 아픕니다. 그러나 저는 지금, 그 고통들이 수녀원장님을 향한 하나님의 사랑의 증거라는 것을 확신하여 마음의 아픔을 덜어내고 있습니다. 수녀원장님께서도 이런 시선으로 자신의 고통을 보시면 견뎌내기가 한층 수월해질 것입니다.

지금 저의 생각은, 수녀원장님께서 인간적인 치료를 중단하고 하나님의 섭리에 전폭적으로 맡기는 것이 좋겠다는 것입니다. 하나님께서 수녀원장님을 직접 치유하시기 위해 이런 전폭적인 맡김과 온전한 신뢰만을 기다리고 계신지도 모르기 때문입니다.

제가 이렇게 생각하는 까닭은, 수녀원장님께서 그렇게 세심하게 노력했는데도 인간적인 치료가 효험을 나타내기는커녕 오히려 병세를 악화시키고 있기 때문입니다. 현재의 상황이 그러하므로 인간적인 치료를 중단하고, 자신을 하나님의 손에 맡긴 채 하나님께서 기쁘신 뜻대로 보내주실 것들을 기다리는 것이 무모한 짓은 아닐 것입니다.

일전의 편지에서 말씀드린 바와 같이, 하나님께서는 우리 영혼의 질병을 치유하기 위해 때로 육신의 고통을 허락하십니다. 그러니 용기를 가지시기 바랍니다. 지금의 이 곤핍함을 아름다운 덕으로 바꾸시기 바랍니다. 육신의 고통에서 건져달라고 구할 것이 아니라, 이것이 하나님의 뜻이라면 하나님께서 원하시는 대로 하나님을 사랑하는 마음으로 의연히 감내할 힘을 달라고 구하시기 바랍니다.

우리 인간의 본성은 분명 이런 기도를 드리기가 쉽지 않을 것입니다. 그러나 하나님을 사랑하는 영혼은 그런 기도를 달콤하게 여기며, 하나님께서도 그런 기도에 매우 흡족해 하십니다. 사랑은 고통을 누그러뜨립니다. 그러므로 하나님을 사랑하는 우리는 하나님을 위해 기쁘고 담대하게 고통을 감내해야 합니다.

존경하는 수녀원장님께 청하니, 우리의 모든 질병의 유일한 치료자이신 그분께 위안을 얻으시기 바랍니다. 고통 받는 자들의 아버지이신 그분은 언제나 우리를 도울 준비를 하고 계십니다. 그분은 우리가 생각하는 것보다 훨씬 더 무한하게 우리를 사랑하십니다. 그러니 하나님을 사랑하시기 바랍니다. 그분 안에 있는 위로가 아닌 다른 위로를 더 이상 찾지 마십시오. 곧 그런 위로를 받게 되시기를 소망합니다. 이제 작별인사를 드립니다. 부족하지만 기도로 수녀원장님을 돕겠습니다.

미약한 로렌스 형제가

열다섯 번째 편지

고통 중에 하나님과 함께하는 것이 곧 천국입니다

N 수녀원장님

바라시던 대로 통증이 다소 완화되었다니 주님께 감사를 드립니다. 저는 죽음의 문턱까지 갔던 적이 한두 번이 아니었지만, 그때보다 더 행복한 적이 없었습니다. 그래서 저는 고통에서 벗어나기를 구하는 대신 담대하고도 겸손하게, 주님을 사랑하는 마음으로 고통을 견뎌낼 힘을 달라고 구했습니다. 친애하는 수녀원장님, 그러니 용기를 가지십시오.

아! 하나님과 함께 고통을 당하는 것이 얼마나 달콤한지요!

수녀원장님의 고통이 아무리 극심하다 하더라도, 하나님을 사랑하는 마음으로 견디시기 바랍니다. 고통 중에 하나님과 함께하는 것이 곧 천국입니다.

이생에서 천국의 평화를 향유하기를 바란다면 하나님과의 친숙하고 겸손한 사랑의 대화에 익숙해져야 합니다. 어떤 경우에라도 우리 마음이 이 대화에서 빗나가지 않도록 막아야 합니다. 우리의 심령을 신령한 전(殿)으로 삼아 끊임없이 하나님을 찬양하며 예배해야 합니다. 우리 자신을 쉴 새 없이 살피고 또 경계하여 하나님께서 싫어하시는 것은 아무것도 행하지 말고 말하지 말고 생각하지 말아야 합니다. 이런 식으로 우리 마음을 하나님께 집중한다면 우리의 고통까지도 달콤함과 기름 부음과 위안으로 가득할 것입니다.

이런 상태에 도달하기 위한 노력을 시작하기가 대단히 어렵다는 것을 모르지 않습니다. 이렇게 하려면 온전히 믿음 안에서만 행동해야 하기 때문입니다. 그러나 주님의 은혜와 함께하면 모든 것을 능히 할 수 있다는 것과 우리 주님께서 진정으로 구하는 자들에게 은혜 부어주시기를 거절하지 않으신다는 것을 기억하시기 바랍니다.

주님의 문을 두드리십시오. 한 번만이 아니라 계속 두드리십시오. 수녀원장님께서 낙심하지 않는다면, 하나님의 때가 되었을 때 하나님께서 반드시 문을 열어주실 것이며, 그동안 미뤄두셨던 것들을 한꺼번에 다 주실 것이라고 보장할 수 있습니다.

이제 작별인사를 드립니다. 수녀원장님을 위해 늘 기도하고 있으니 저를 위해서도 기도해주시기 바랍니다. 곧 뵙기를 소망합니다.

1691년 1월 22일
미약한 로렌스 형제가

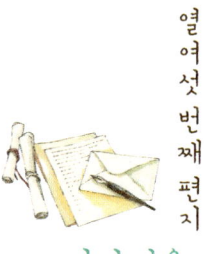

열여섯 번째 편지
하나님을 아는 것을 직무로 삼으십시오

N 수녀원장님

하나님께서는 우리의 필요를 가장 잘 아십니다. 하나님께서 하시는 모든 일은 우리의 유익을 위한 것입니다. 하나님께서 우리를 얼마나 사랑하시는지 우리가 제대로 깨닫는다면 하나님의 손으로부터 나오는 달콤한 것과 쓴 것을 모두 동일하게 받게 될 것이며, 가장 가혹하고 고통스러운 것들조차도 달콤하고 유쾌하게 받아들일 것입니다.

자고로 고통은 바라보는 관점에 따라 도저히 견딜 수 없는 것처럼 보이기도 하고, 참아낼 수 있는 것처럼 보이기도 합니다. 우리 앞에 있는 고통이 우리 삶에서 역사하시는 하나님의 손에서 나온 것이고 또 이런 고욕과 아픔을 허락하신 분이 사랑으로 충만하신 우리 아버지라는 사실을 확신한다면, 고통과 아픔으로부터 모든 쓴 맛이 제거되고 달콤함만이 남게 될 것입니다.

하나님을 아는 것을 우리의 직무로 삼아야 하겠습니다. 하나님을 알아갈수록 더 알게 되기를 소망하게 마련입니다. 그리고 하나님과의 친밀함이 더 깊어지고 넓어질수록 우리의 사랑은 더욱 커질 것입니다. 하나님을 향한 사랑이 커지면, 고통을 당할 때나 위로를 받을 때나 똑같이 하나님을 사랑하게 됩니다.

지금까지 받은 은혜와 앞으로 받을 은혜가 아무리 광대하다 하더라도, 하나님께 은혜를 받기 위한 목적으로 하나님을 갈망하거나 사랑하지는 맙시다! 물론 은혜는 매우 귀하고 소중한 것입니다. 그러나 단순한 행위를 통한 믿음만큼 우리를 하나님 곁으로 이끌어가지는 못하기 때문입니다. 그러니 믿음으로 하나님을 자주 찾기로 합시다! 하나님은 우리 안에 계시니 다른 엉뚱한 곳에서 하나님을 찾지 맙시다!

우리가 지금 하나님을 기쁘시게 하지 못하고 오히려 진노하게 하는 하찮은 일에 정신이 팔려 시간을 낭비하면서 그런 죄를 범하고 있는 것은 아닌지요? 그런데도 하나님께서는 참고 계십니다. 그러나 장차 그 때문에 실로 값비싼 대가를 치르게 될까 심히 두렵습니다.

그러니 하나님의 소유가 되기 위해 진지하게 시작해봅시다! 우리의 심령과 마음에서 하나님이 아닌 다른 모든 것들을 추방해버립시다! 하나님께서는 우리 심령과 마음의 유일한 주인이 되기를 원하십니다. 하나님을 우리 생각의 유일한 대상으로 삼을 수 있도록 은혜를 구합시다! 우리의 힘이 닿는 대로 최선을 다하고 나면, 그토록 갈망하던 변화가 우리 안에서 일어나는 것을 곧 보게 될 것입니다.

하나님께서 수녀원장님의 통증을 다소 완화시켜주셨다니 아무리 감사를 드려도 다하지 못할 것 같습니다. 저는 수일 안에 하나님을 뵐 수 있도록 자비로우신 하나님께서 은혜를 베풀어주시기를 소망하고 있습니다. 우리 서로를 위해 기도합시다!

1691년 2월 6일
미약한 로렌스 형제가

거룩한 삶의 원칙에 관한 조언을 듣다 | 잠언

  로렌스 형제의 몇 안 되는 유품(遺品) 가운데서 '영적 잠언'이라는 제목의 원고가 발견되었습니다. 이 잠언집에는 로렌스 형제가 도움을 청하는 주변 사람들에게 베풀었던 조언들과 생활에서 몸소 실천했던 삶의 원칙들이 압축되어 있습니다.

심령과 마음을
하나님의 뜻에 굴복시키십시오

믿는 사람에게는 모든 것이 가능하며, 소망하는 사람에게는 그보다 더 많은 것이 가능하며, 사랑하는 사람에게는 그보다 더 많은 것이 가능합니다. 그리고 이 세 가지 덕목을 실천하며 인내하는 사람에게는 이 모든 것보다 더 많은 것이 가능합니다.

첫째, 우리는 행동하고 말하는 모든 일에서 언제나 하나님과 하나님의 영광에 시선을 고정해야 합니다. 우리는 영원의 세계에서 하나님을 완벽하게 예배하기를 소망합니다. 그렇다면 이생에서도 완벽한 예배를 목표로 부단히 추구해야 합니다. 영적인 길에서 만나는 모든 어려움들을 하나님의 은혜로 결연히 극복하리라 결단하십시오.

둘째, 우리는 그리스도인으로서의 삶을 시작할 때 우리 자신이 어떤 사람인지 깊이 생각해보아야 합니다. 그러면 우리가 모든 조롱과 경멸을 받아 마땅한 존재이며, 그리스도인이라는 이름을 얻기에 심히 합당치 못하며, 모든 고통과 고난의 대상임을 발견하게 될 것입니다. 고통과 고난은 우리를 괴로움에 빠뜨릴 뿐 아니라 우리의 건강이나 기분, 내적 외적 성향까지 좌지우지하며 요동하게 하고 있습니다. 한마디로 우리는 하나님께서 수많은 내적 외적 고통과 고난을 통해 낮아지게 만들기로 선택하신 자들임을 깨달아야 하는 것입니다.

셋째, 우리 자신을 하나님께 바치는 것이 우리 자신의 유익을 위한 것일 뿐 아니라 하나님께서도 이 헌신을 기뻐하신다는 것을 추호의 의심도 없이 믿어야 합니다. 우리 자신을 하나님께 바치는 것이 하나님의 뜻이라면, 어떤 상황에 처하든지, 어떤 고통이나 괴로움, 유혹 가운데 있든지, 오직 하나님을 사랑하는 마음으로 하나님께서 원하시는 만큼 철저하게 우리 자신을 하나님께 내어드려야 합니다. 이것이 바로 하나님의 거룩하신 섭리 안에서 일어나는 자연스러운 일입니다. 이렇게 우리 심령과 마음을 하나님의 뜻에 굴복시키지 않으면, 온전한 헌신도, 온전함에 이르는 길도 있을 수 없습니다.

넷째, 온전함을 향한 열망이 크면 클수록 하나님의 은혜를 더 의지하며, 순간순간 하나님의 도우심을 한층 더 구해야 합니다. 하나님 없이는 아무것도 할 수 없기 때문입니다. 세상과 육신과 마귀가 서로 연합하여 우리 영혼을 상대로 일으키는 영적 전쟁은 끊임이 없고 너무도 맹렬합니다. 실제로 하나님께서 돕지 않으시고, 우리가 겸손히 하나님만 의지하여 나아가지 않으면, 우리도 모르는 사이에 우리 영혼은 휩쓸리고 말 것입니다. 우리의 본성으로는 이것이 너무나 가혹하게 보입니다. 그러나 하나님의 은혜가 함께하면 하나님을 의지하는 데서 기쁨을 느끼며 하나님 안에서 안식을 누리게 됩니다.

두 번째 잠언

영혼 가장 깊은 곳에 계신 하나님을 믿으십시오

    첫째, 그리스도인의 영적 삶에서 가장 신령하고 가장 보편적이며 가장 필요한 훈련은 하나님의 임재를 연습하는 것, 곧 '언제나 하나님을 생각하는 것'입니다. 하나님의 임재를 연습한다는 것은 거룩하신 하나님께서 언제나 우리와 동행하신다는 사실에 기쁨을 얻는 것이며, 그 사실에 익숙해지는 것입니다. 언제나 겸손하게 하나님께 말을 걸고 삶의 모든 순간, 특별히 시험과 고통과 영적 메마름이 찾아올 때, 심지어 영적인 것들이 싫어지고 불순종과 죄악 가운데 처하게 될 때에도 마음에서 우러르는 사랑으로 하나님과 대화를 나누는 것입니다.

둘째, 우리의 모든 행위가 순전하고 정결한 마음에서 우러나오는 하나님과의 자연스러운 대화가 되기까지 우리는 계속해서 끊임없이 전념해야 합니다.

셋째, 우리의 행위에 혼란스러운 영혼의 특징인 경솔함과 감정적 충동이 있지는 않은지 잘 살펴야 합니다. 일상의 임무를 수행할 때 우리는 하나님과 함께 온유하고 평온하게, 사랑이 가득한 마음으로 일해야 하며, 주님께서 우리의 수고를 받아주시기를 구해야 합니다. 이처럼 하나님께 계속해서 주의를 집중하면 마귀의 머리를 짓밟아 그 손에서 무기를 떨어뜨리게 만들 수 있습니다.

넷째, 일상의 임무나 다른 활동을 수행하는 동안, 심지어 책을 읽거나 글을 쓰는 동안이라도 우리는 할 수 있는 대로 자주 잠깐 동안 멈추고 하나님을 예배해야 하며 하나님 안에서 기쁨을 누려야 합니다. 비록 지금 하고 있는 일이 경건 행위나 큰 소리로 기도하는 것과 같은 영적인 목적을 위한 것이라 하더라도 말입니다. 때로는 아주 잠깐 동안 은밀히 하더라도 그렇게 해야 합니다.

하나님께서는 당신이 일상의 임무를 수행할 때 바로 당신 앞에 계십니다. 당신이 이런 사실에 별반 관심을 기울이지 않는 신자가 아니라면, 또 하나님께서 당신 영혼의 가장 깊은 곳, 중심에 계심을 잘 알고 있다면, 어떤 일을 하고 있든지 심지어 큰 소리로 기도하는 중이라도 시시때때로 멈추어 내적으로 깊이 하나님께 예배하고 찬미하고 간청하고 감사하며 당신의 심령을 하나님께 바치지 않을 까닭이 무엇이란 말입니까? 하루에 몇 번이고 하나님을 예배하기 위하여 창조된 것들에 쏠려 있던 우리 마음을 창조주이신 하나님께로 돌리는 것보다 하나님을 더 기쁘시게 할 것이 무엇이겠습니까? 이것이 피조물 중에서도 인간에게만 존재하는 자기애(自己愛)를 깨뜨리는 길이라는 사실은 언급할 필요조차 없습니다. 이런 식으로 내적으로 하나님께 주의를 집중하다보면 우리도 모르는 사이에, 우리는 자기애로부터 벗어나게 될 것입니다.

비록 짧은 순간이라도 창조주 하나님께로부터 기쁨을 얻기 위해 주변의 창조된 것들을 지속적으로 거부하고 시선을 돌리는 것이야말로 우리의 신실함을 하나님께 입증해 보이는 가장 확실한 길입니다.

세상으로부터 영원히 물러나야 한다는 뜻으로 말하는 게 아닙니다. 그것은 불가능합니다. 이 점에 대해서는 모든 덕(德)의 어미인 분별력이 우리를 인도할 것입니다. 그러나 영적인 길을 걷고 있는 많은 그리스도인들이 내적으로 하나님을 예배하고 하나님의 거룩하신 임재 안에서 위안과 기쁨을 맛보기 위해 외적인 것들로부터 시시때때로 물러나야 하는데도, 보통 그렇게 하지 못하는 과오를 저지르고 있다고 감히 말씀드리지 않을 수 없습니다.

다섯째, 이 모든 예배는 하나님께서 실제로 우리 심령 안에 거하여 계심을 믿는 믿음, 신령과 진정으로 하나님을 예배하고 사랑하고 섬겨야 한다는 것을 믿는 믿음, 우리 모든 피조물에게 지금 일어나고 있는 일들과 앞으로 일어날 모든 일들을 보고 계시다는 것을 믿는 믿음으로 행해야 합니다. 우리는 하나님께서 그 무엇에도 의존하지 않으시며 오히려 만물이 하나님만을 전적으로 의지하고 있다는 것을 믿어야 합니다. 하나님께서 절대적으로 완전하시다는 것과 무한히 뛰어나심과 강력하신 주권으로 말미암아 우리의 존재 자체와 하늘과 땅에 있는 모든 것들을 받기에 합당하시다는 것을 믿어야 합니다. 그리고 하나님께서 기쁘고 선하신 뜻대로 모든 것들을 지금 그리고 영원히 다스리실 수 있다는 것과 하나님께서 우리를 창조하셨기 때문에 우리가 이렇게 생각하고 말하고 행동할 수 있다는 것을 믿어야 합니다. 그러니 꼭 그렇게 하도록 합시다!

여섯째, 우리에게 가장 부족하고 익히기 어려운 덕이 무엇인지, 우리가 종종 어떤 죄에 빠져드는지, 어떤 경우에 꼼짝 못하고 넘어지는지 신중히 살펴야 합니다. 그리고 믿음의 길을 걸으며 마귀와의 영적 전투가 벌어질 때마다 완벽한 확신을 가지고 하나님께 달려가야 합니다. 하나님의 거룩하신 위엄의 임재 안에 머물러야 하며, 겸손히 예배해야 하며, 우리의 연약함과 고통을 하나님께 내어놓아야 하며, 은혜의 도우심을 사랑으로 구해야 합니다. 그리하면 우리 자신에게 속한 것을 갖는 대신 하나님 안에서 모든 덕을 소유할 수 있을 것입니다.

세 번째 잠언

신령과 진정으로 하나님을 예배하십시오

첫째, 신령과 진정으로 하나님을 예배한다는 것은 마땅히 예배해야 하는 대로 예배한다는 것을 뜻합니다. 하나님은 영이십니다. 그러므로 우리는 '신령과 진정으로'(in spirit and truth), 즉 우리 영혼의 가장 깊은 곳 중심에서 우러나와 오직 하나님만이 보실 수 있는 겸손하고도 참된 영적 예배를 드려야 합니다. 우리는 이런 예배를 얼마든지 자주 반복할 수 있으며 응당 그리해야 합니다. 그러면 마침내 하나님을 향한 신령한 예배가 우리 본성의 일부가 될 것입니다. 그리고 하나님이 우리 영혼과 하나이고 우리 영혼이 하나님과 하나인 것처럼 될 것입니다.

둘째, 진정으로 하나님을 예배한다는 것은 하나님을 있는 그대로 인정하고 우리를 있는 그대로 인정한다는 것을 뜻합니다. 진정으로 하나님을 예배한다는 것은 하나님이 무한히 완전하시며, 우리의 예배를 받으시기에 무한히 합당하시며, 악으로부터 무한히 떨어져 계시다는 것을 우리 심령이 생생한 현실로 인정한다는 것을 뜻합니다. 하나님께서는 우리 인간들이 하나님께 돌린 모든 거룩한 속성을 다 합친 것보다 훨씬 더 거룩하고 크십니다. 따라서 인간이 아무리 우매하다 한들, 이처럼 크시고 무한히 거룩하신 하나님을 어찌 온 힘을 다하여 우러러 예배하지 않을 수 있겠습니까?

셋째, 진정으로 하나님을 예배한다는 것은 우리가 아무리 거룩하신 하나님과 완전히 상반되는 존재라 하더라도, 진심으로 원하기만 하면 하나님께서 기꺼이 그분의 자비와 긍휼로 우리를 하나님처럼 되게 하신다는 것을 받아들인다는 뜻입니다. 그러므로 하나님께 잠깐이라도 눈을 떼는 인간, 더욱이 하나님께 마땅히 드려야 할 경외와 사랑과 섬김과 지속적인 예배를 아주 잠깐이라도 외면하는 인간이 어찌 미련하지 않다고 말하지 않을 수 있겠습니까?

네 번째 잠언

하나님 임재를 연습하여 하나님과의 연합을 이루십시오

영적인 연합에는 세 종류가 있습니다. 첫째는 평소의 연합이며 둘째는 사실적인 연합이며 셋째는 현실의 연합, 즉 현재에 이루어지는 연합입니다.

첫째, 평소의 연합은 다만 주(主)의 은혜로 하나님과 연합하여 있는 상태를 말합니다.

둘째, 사실적인 연합은 좀 더 적극적으로 우리 자신을 하나님께 연합시키기 시작하여, 계속 노력을 기울이는 동안에 연합에 머물러 있는 상태를 말합니다.

셋째, 하나님의 임재를 부단히 연습함으로써 마침내 도달하게 되는 바, 현재에 언제나 일관적으로 진행 중인 이 '현실의' 연합은 세 가지 영적 연합 가운데 가장 완벽한 것입니다. 물론 이 세 가지 연합이 모두 영적인 것이며, 또 우리 영혼이 잠자고 있는 게 아니므로 우리 영혼은 이 연합들의 움직임을 느낄 수 있습니다. 그러나 그중에서도 이 세 번째 연합의 움직임은 앞의 두 연합의 경우와 대조적으로 무척 활발합니다. 이 연합의 움직임은 불의 움직임보다 더 역동적이며, 맑은 하늘의 태양보다 더 밝은 빛을 발합니다.

우리는 이 연합이 단지 "하나님! 온 마음을 다해 하나님을 사랑합니다!"라고 말하는 것처럼 우리의 마음을 표현한 단순한 고백에 지나지 않는다고 생각함으로써 미혹을 당하는 일이 없도록 주의해야 합니다.

이 연합은 우리 심령의 소망을 일방적으로 표현한 것이 절대 아닙니다! 이 연합은 온유하고 평화로우며 신령하고 하나님을 경외하며 사랑하는, 겸손하고 매우 순전한 영혼 안에서 발견되는 정의하기 어려운 어떤 것입니다. 이 '정의하기 어려운 어떤 것'이 우리 영혼을 일으키고 다그쳐 하나님을 사랑하게 하고, 예배하게 하고, 심지어 이 연합을 체험해본 사람만이 느낄 수 있는 이루 형언하기 어려운 부드러움으로 하나님을 어루만지게 합니다.

넷째, 하나님과 연합하기를 열망하는 모든 사람들은 우리의 의지를 즐겁게 하고 유쾌하게 하고 기쁘게 하는 모든 것들이 이 연합을 촉진시키는 데 아무런 도움이 되지 않는다는 점을 알아야 합니다.

인간의 마음으로 하나님을 이해하는 것은 불가능합니다. 하지만 의지의 힘을 빌려 하나님과 연합할 경우에는 조금 다릅니다. 하나님과 연합하려면 먼저 우리의 의지에서 모든 종류의 영적, 육체적 즐거움을 빼앗아, '우리의 의지'가 그 모든 것들로부터 온전히 자유로워져서 다른 무엇보다 오직 하나님만을 사랑할 수 있게 해야 합니다. 우리가 어떻게든 의지의 힘을 빌려 하나님을 이해할 수 있다면, 그것은 오로지 하나님을 향한 사랑을 통해서만 가능하기 때문입니다.

하나님과 연합하고자 하는 의지를 느끼는 것과 그 의지를 직접 실행하는 것은 엄청나게 다릅니다. 왜냐하면 그런 의지를 느낄 경우 대개 우리 영혼 안에 그대로 머물게 되지만, 하나님을 향한 참된 사랑의 표현으로서 그런 의지를 행동으로 옮길 때에는 하나님과 함께 머무는 결과를 볼 것이기 때문입니다.

다섯 번째 잠언

하나님의 임재 속에서 완벽한 자유를 누리십시오

첫째, 하나님의 임재를 연습한다는 것은 언제나 하나님께 주의를 집중하고, 항상 하나님을 의식하고, 하나님께서 우리와 함께 계시다는 것을 언제나 생생하게 상기한다는 것을 뜻합니다. 우리는 상상이나 이해를 통해 이를 수행할 수 있습니다.

둘째, 저는 하나님의 임재 연습을 40년 이상 지속해온 어떤 사람(로렌스 형제 자신을 일컫는 말임)을 잘 알고 있습니다. 그는 이 훈련을 몇 가지 이름으로 불렀습니다. 때로는 '단순한 행위'

혹은 '하나님을 아는 명백하고도 확실한 지식', 때로는 '하나님을 향한 사랑의 막연한 응시' 혹은 '흐릿하고 아련하게 하나님을 보는 것', '하나님을 기억하는 것'이라 칭했습니다. 다른 때는 '하나님을 주목하는 것' 혹은 '하나님과 침묵의 대화를 나누는 것' 또는 '하나님을 확신하는 것', '영혼의 생명과 평화'라고도 했습니다.

요는, 하나님 임재 연습을 지칭하는 이 모든 유형이 실은 똑같은 것을 다르게 표현한 것입니다. 그러면서 그 사람은 제게 "이제는 하나님의 임재 안에 거하는 것이 정말로 자연스러워져서 저의 본성의 일부처럼 되었습니다"라고 말했습니다. 어떻게 그 사람이 그런 상태에 도달하게 되었는지 말씀드리겠습니다.

셋째, 그는 확고한 의지의 힘으로 자기 마음에 하나님의 임재를 자주 생각하고 훈련함으로써 이를 습관으로 갖게 되었습니다. 그래서 그의 마음이 외적 임무에 대한 의무감으로부터 자유로워지자 그의 영혼은, 해야 할 일이 쌓여 있고 가장 바쁠 때에라도 힘들이지 않고 하나님께 나아갈 수 있게 되었습니다. 마치 다른 모든 것을 넘어서고 초월하여 오로지 하나님께만 꼭 붙

들려 있는 것 같고 그 영혼의 중심과 안식처를 발견한 것처럼 하나님의 임재 안에 머무를 수 있었습니다.

이렇게 그가 언제나 하나님께 매달려 있는 것처럼 느끼는 것은 믿음이 있기 때문입니다. 그리고 그는 그것으로 만족합니다. 그는 이런 상태를 '실제로 하나님과 함께하는 상태'라고 일컫습니다. 그래서 그는 지금 이 세상에 오직 하나님과 그 자신만 있는 것처럼 살고 있습니다. 그는 어디에 가든지 하나님과 대화를 나누며, 필요한 것을 구하고, 하나님 안에서 수천수만 가지 방식으로 끊임없이 기쁨을 맛보고 있습니다.

넷째, 하나님과의 이러한 대화가 우리 영혼 가장 깊은 곳, 그 중심에서 이루어진다는 점은 아무리 강조해도 지나치지 않습니다. 거기서 우리 영혼은 마음과 마음으로 하나님과 대화를 나누고, 크고 심원한 평화의 상태로 하나님 안에서 늘 기쁨을 느낍니다. 그곳에서 하나님과 대화를 나누는 영혼에게는, 영혼 바깥에서 일어나는 모든 일들이 점화되자마자 바로 꺼져버리는 미미한 불처럼 보입니다. 그래서 그런 영혼 안에서는 외적인 것들이 연이어 고개를 쳐들지 못하며 내적 평화를 어수선하게 하는 데도 별다른 성과를 거두지 못합니다.

다섯째, 하나님을 사랑스럽고 감미롭게 응시하면, 우리도 모르는 사이에 우리 영혼 안에 신령한 불이 지펴집니다. 이 불이 우리 영혼을 하나님의 사랑으로 어찌나 격렬하게 태우는지, 그 뜨거움을 조금이라도 누그러트리려면 하는 수 없이 하나님 응시하기를 잠시 중단하고 다른 외적 임무에 주의를 기울여야겠다고 느낄 정도입니다.

여섯째, 이렇게 하나님을 응시하는 영혼이 하나님과 얼마나 친밀하고 다정하게 대화를 나누게 되는지 알게 되면 우리는 정말 깜짝 놀랄 것입니다. 하나님께서는 우리 영혼과의 대화를 실로 기뻐하시기 때문에, 우리 영혼이 언제나 하나님과 함께 머물면서 하나님만 의지하기를 소망하기만 한다면, 그야말로 완벽한 자유를 허락하시고 무엇이든 다 들어주십니다. 그리고 하나님께서는 마치 우리 영혼이 피조물들에 다시 주목할 것을 걱정이라도 하시는 듯, 우리 영혼이 원할 만한 모든 것들을 세심하게 공급해주십니다. 우리 영혼이 그저 향긋하고 맛도 좋은 자양분의 원천을 소망하거나 조달하려 애쓰지 않아도, 이를 겸손히 받아들이는 것 외에 아무것도 기여한 바 없다 해도, 영혼이 원하는 것을 자신 안에서 발견하고 또 발견하게 될 것입니다.

일곱째, 우리는 이처럼 하나님의 임재를 연습하는 것이 영혼의 생명이자 자양분이며, 하나님의 은혜를 의지해야 하는 일이라고 결론지을 수 있습니다.

여섯 번째 잠언

온 마음을 다하여 하나님을 가장 사랑하십시오

첫째, 정결한 삶을 사는 것입니다.

둘째, 하나님의 임재 안에 머물기 위해 신실하게 노력하면서 하나님을 계속 의식하는 것입니다. 괴로워하거나 걱정하지 말고, 언제나 온유하고 겸손하게, 사랑으로 이를 행해야 합니다.

셋째, 외적 활동을 시작하기 전에는 언제나 아주 잠깐이라도 하나님을 흘긋 보기 위해 각별히 노력해야 합니다. 그 다음,

외적인 활동을 수행하는 동안에 시시때때로 계속 하나님을 응시해야 합니다. 그리고 외적인 활동을 끝마칠 때에는 하나님께 시선을 향한 채로 끝마쳐야 합니다. 이는 적지 않은 시간과 노력을 요하는 것이므로 처음에 몇 번 잘 되지 않는다고 낙심할 필요는 없습니다. 나쁜 습관은 들이기 쉽지만 좋은 습관을 들이기란 무척 힘들기 때문입니다. 그러나 일단 이러한 습관을 들이면 우리가 하는 모든 일들을 기쁨으로 행할 수 있을 것입니다.

마음이란 우리 안에서 가장 활발히 약동해야 하는 동시에 우리 몸의 다른 기관들을 지배하는 첫째 요소이므로, 영적 육체적 행위들을 시작하거나 끝맺을 때 무엇보다 이 마음으로 하나님을 사랑하고 예배하는 것이 옳지 않겠습니까? 앞서 말한 것처럼, 아주 잠깐이지만 매순간 하나님을 바라보는 일에, 분투하거나 애쓰지 않더라도 자연스레 마음속에서 하나님을 바라는 상태에까지 도달해야 합니다.

넷째, 이런 훈련을 처음 시작할 때 하나님을 향한 내적인 사랑을 고백하는 것이 마땅합니다. 이를테면 "하나님 아버지, 저는 온전히 하나님의 것입니다. 사랑의 하나님, 온 마음을 다하

여 하나님을 사랑합니다. 주님, 주님의 기쁘신 뜻대로 제게 행하옵소서!"라고 말할 수도 있겠고, 하나님을 사랑하는 마음에서 자연스럽게 나온 다른 말들을 아뢸 수도 있겠습니다. 그러나 장황하게 말이 많아지면 우리 마음이 오로지 하나님께만 매달려 있어야 할 때, 오히려 방황의 길을 떠나 피조물에게 시선이 돌아가는 경우가 있으니, 그런 일이 발생하지 않도록 각별히 주의를 기울여야 합니다. 이렇게 의지의 힘으로 마음을 강압하고 단속하면 우리 마음이 하나님과 함께 머물러 있지 않을 수 없을 것입니다.

다섯째, 처음에는 이렇게 하나님의 임재를 연습하기가 무척 어렵습니다. 그러나 신실하게 행하면 그것이 마침내 우리 영혼에 믿기 어려운 결과들을 은밀히 일으켜, 하나님 은혜의 홍수가 범람하게 할 것입니다. 우리 영혼이 사랑스럽게 하나님을 응시하도록 할 것이며, 어디에서나 하나님의 임재를 발견할 수 있게 할 것입니다. 이런 응시가 가장 쉽고, 가장 신령하고, 가장 견고하고, 가장 효율적인 기도 방식입니다.

여섯째, 이 상태에 도달하기 위해서는 우리의 감각을 억제해야 한다는 점을 꼭 유념해야 합니다. 여전히 세상의 피조물들에서 만족을 찾는 영혼이 하나님의 임재를 온전히 체험하기란 불가능합니다. 창조주이신 하나님과 함께하려면 창조된 모든 것들을 무조건 하나님 다음에 두어야 합니다.

일곱 번째 잠언

하나님의 거룩한 임재 안에 거하는 은혜를 사모하십시오

첫째, 하나님의 임재를 연습하면 우리 삶의 모든 영역, 특별히 믿음이 부족한 영역에서 더욱 생생하고 활발히 생동하는 믿음을 갖게 됩니다. 이렇게 살아가면 시험을 받을 때 필요한 은혜와, 세상과 불가피하게 접촉해야 하는 일상에서 필요한 갖가지 은혜를 어렵지 않게 받을 수 있습니다. 그리고 이 연습은 하나님께서 언제 어디서나 우리와 함께하신다는 것을 믿는 믿음으로 행하는 것이므로 반복하면 할수록 그 믿음이 더욱 강해지며, 이 연습을 통해 '믿음으로 행하는 것'에 익숙해진 영혼은 하나님을 기억하는 것만으로도 하나님의 임재를 실제로 보고 느낄 수 있고, 아주 쉽고 간단하게 필요한 것들을 구하고 얻을 수 있습니다. 또 그렇게 함으로써, 천국에서 이미 하나님의 임재를 완벽하게 체험하고 있는 사람들의 상태와 매우 비슷해질 수 있습니다. 우리 영혼이 이 연습에 숙달하면 할수록 믿음이 더욱 생동할 것이고, 마침내 그 믿음이 우리 영혼에 온통 스며들어 "나는 더 이상 믿지 않습니다. 보고 체험합니다!"라고 말하는 상태에 이르게 될 것입니다.

둘째, 하나님의 임재를 연습하면 우리의 소망이 더욱 굳어집니다. 우리의 소망은 영적 지식이 증대됨에 따라 증대되기도 하고 우리 믿음이 하나님의 오묘하심을 굳게 붙잡을 때에도 증대됩니다. 우리의 소망은 하나님 안에서 절대적인 아름다움, 곧 육신을 가진 땅의 생명들을 능가할 뿐 아니라 가장 완벽한 영혼의 아름다움이나 천사의 아름다움보다 훨씬 더 뛰어난 아름다움을 발견함으로써 더욱 강해집니다. 우리의 소망은 엄청난 축복을 강렬히 열망함으로써 힘을 내고 또 때로는 그 엄청난 축복을 실제로 미리 맛봄으로써 힘을 냅니다.

셋째, 하나님의 임재를 연습하는 훈련은 피조물에 집착하지 않는 태도를 우리 의지 안에 고취시키며, 우리의 의지를 신령한 사랑의 불로 활활 타오르게 합니다. 이 신령한 사랑의 불은 '소멸하는 불'이신 하나님께로부터 나온 것이므로 하나님께 대항하는 모든 것들을 재로 바꾸어버립니다. 따라서 이렇게 신령한 사랑의 불이 붙은 영혼은 언제나 하나님의 임재 안에서 살아갈 수 있게 됩니다. 그리고 이러한 하나님의 임재는 우리 심령 안에, 모든 피조물이 알고 사랑하고 섬기며 예배하는 하나님을 뵙고자 하는 거룩한 열심과 신령한 열정과 열렬한 열망을 불어넣습니다.

넷째, 하나님의 임재를 연습하며 내적으로 하나님을 응시할 때 우리는 하나님과 진정으로 친밀해집니다. 그래서 사랑과 경배와 회개와 확신과 감사와 헌신과 간구의 행위와 다른 모든 신령한 행위를 지속하며 일생을 보내게 됩니다. 이 모든 행위들은 한 번 했다가 마는 그런 행위가 아니라 지속적인 행위로 바뀌게 됩니다. 우리의 영혼이 항상 하나님의 거룩하신 임재 안에 거하기 때문입니다.

저는 이러한 상태에 도달한 사람들이 그리 많지 않다는 것을 알고 있습니다. 사실 이 상태에 도달하는 것은 하나님께서 소수의 선택된 영혼들에게만 허락하신 특별한 은혜입니다. 이처럼 단순하고도 지속적으로 하나님을 응시하는 것은 결국 하나님의 넉넉하신 손에서 나오는 선물이기 때문입니다.

그러나 하나님께서는 이러한 선물을 받기 위해 스스로 준비하는 영혼들에게 대부분 그 선물을 기꺼이 허락하십니다. 이 신령한 훈련을 자발적으로 시작하려는 모든 사람들이 이 말씀에서 위로와 힘을 얻기를 소망합니다. 그리고 설령 하나님께서 이런 특별한 은혜를 허락하시지 않는다 해도, 적어도 우리는 하나님의 일반적인 은혜의 도움을 받아 하나님의 임재를 부단히 의식하는 연습을 함으로써 '하나님의 임재'를 체험하는 것에 매우 근접한 기도의 상태에 도달할 수 있을 것입니다.

하나님 임재 안에 거한 사람,
로렌스 형제를 기리며

🍃 이것은 보포르 수도원장이 로렌스 형제의 죽음을 기리며 낭송한 송덕문입니다. 나중에 그는 여러 사람들의 요청으로, 이 송덕문과 평소 수집해놓았던 로렌스 형제의 편지들, 그와 직접 나누었던 대화 내용을 기록한 대화록을 책으로 묶어 출판하였습니다. 이로써 로렌스 형제의 삶과 기도가 세상에 처음 알려지게 되었습니다.

신실하게 행하는 종의 겸손함으로
하나님 임재 안에 거한 사람

그의 이름은 니꼴라 에르망

우리는 심히 부족하지만 하나님께서는 여전히 팔을 뻗어 자비를 베푸십니다. 이는 성경이 가르치는 일관된 진리입니다. 하나님 은혜의 능력은 초대교회 당시나 오늘이나 동일합니다. 하나님께서는 모든 시대 모든 사람들이 거룩한 삶을 살기를 바라십니다. 하나님께서는 위대하고 강하신 주님께 합당한 예배를 기꺼이 드리며, 거룩한 삶의 모범을 보임으로써 다른 사람들의 본이 될 수 있는 사람들을 언제나 찾고 계십니다. 이들은 성령의 첫 열매를 간직할 뿐 아니라 다른 사람들에게도 성령을 전하여 성령께서 그들 안에 살게 합니다.

오늘 우리가 이 자리에 모인 것은 맨발의 까르멜 수도회의 로렌스 형제의 삶을 기리기 위해서입니다. 그는 그리스도인의 모든 덕을 신실하게 실천하는 훌륭한 본을 보여 하나님께서 받으시기에 합당한 모든 영광을 하나님께 돌리게 하였으며, 아울러 모든 그리스도인들을 소생시키기 위해 하나님께서 우리 시대에 일으키신 사람이었습니다.

수도생활을 시작하기 전 그의 이름은 '니꼴라 에르망'이었습니다. 그의 양친은 모범적인 삶을 사는 올곧은 신자들로 그가 어렸을 때부터 하나님을 경외하는 마음을 심어주었습니다. 그들은 그를 도덕적으로 양육하는 데 특별한 관심을 쏟았으며 복음을 따라 거룩한 원칙들을 가르쳤습니다.

로렌 지방의 에르메닐에서 태어난 그는 몇 차례의 전투에 참가했는데, 하나님께서는 그가 군대에 있는 동안에도 은총과 자비를 베풀어주셨습니다.

한번은 니꼴라가 프랑스로 진격해 오는 독일 군대에 포로로 잡혔습니다. 그는 그런 불안한 상황에서도 인내와 평정심을 잃지 않았습니다. 그들은 니꼴라를 스파이라고 생각하여 교수형에 처하겠다고 위협했습니다. 그러나 그는 자신은 스파이가 아니라고 항변하는 한편, 죽을 만한 죄를 짓지는 않았지만 죽을 준비는 되어 있다고 대답하였습니다. 그 말을 들은 독일 군대의 장교들은 그를 풀어주었습니다.

얼마 후에는 스웨덴 군대가 로렌 지방을 침입하여 랑베르빌레라는 작은 마을을 공격했습니다. 니꼴라는 그 전투에서 부상을 입었으며, 이때의 부상으로 일평생 한쪽 다리를 절게 되었습니다.

은둔자의 삶

이 사건을 계기로 니꼴라는 군대를 떠나 예수 그리스도의 기치 아래 거룩한 삶을 살기 시작했습니다. 그가 군대를 떠난 것은 경솔한 헌신을 갈망하는 알맹이 없는 열정 때문이 아니었습니다. 그가 하나님께 온전히 헌신하고자 하는 마음을 갖고 과거의 행실을 개선하려는 의지를 갖게 된 것은 바로 참된 신앙심 때문이었습니다. 그가 거룩한 삶을 살도록 미리 작정하신 위로의 하나님께서 세상의 자랑거리가 실로 덧없다는 것을 깨닫게 해주시는 한편, 그의 마음을 어루만지시어 하늘의 것들을 사모하는 마음을 주셨던 것입니다.

그러나 그가 처음부터 이런 은혜의 길에 완전히 매료된 것은 아니었습니다. 그도 위험천만한 군대생활과 헛되고 부패한 이생의 삶과 불안정하기 짝이 없는 인간의 상태와 배신과 무심함으로 얼룩진 친구들과의 관계를 은근히 그리워하곤 했습니다. 그래서 그는 통렬한 성찰과 치열한 내적 갈등 그리고 진리의 능력으로 눈물과 한숨을 정복한 연후에야 비로소 복음의 길을 따르기로 굳게 결단할 수 있었습니다.

당시 그의 삼촌은 맨발의 까르멜 수도회 일원이었습니다. 그의 삼촌은 세상의 공기가 오염되어 있다는 것과 오염된 공기를 마시는 모든 사람들이 죽음에 이르지는 않을지 몰라도 필경 그 길을 따르는 사람들을 부패시킬 것이라고 가르쳤습니다.

니꼴라 에르망은 세례를 받을 때 했던 서약과 혼란스러웠던 젊은 시절과 기독교 신앙의 오묘함, 그리고 무엇보다 예수 그리스도의 수난(그는 이를 생각할 때마다 내적으로 감격하지 않은 적이 없다고 말하곤 했습니다)에 대해 깊이 묵상하면서 완전히 다른 사람으로 변화되었습니다. 그에게는 십자가의 겸손이 세상의 모든 찬란함보다 더 아름답게 보였습니다.

니꼴라는 하나님을 향한 뜨거움으로 타올랐고 단순하고도 정직한 심령으로 하나님을 찾았습니다. 이 무렵 그의 유일한 소망은 과거의 잘못을 참회하기 위해 혼자만의 시간을 갖는 것이었습니다. 은둔자의 삶이 주는 고독으로 들어가 좀 더 적극적으로 헌신하면 어떨까 종종 생각하던 그에게 아주 좋은 기회가 찾아왔습니다.

그는 귀족 한 사람을 알고 있었습니다. 그 사람은 태생으로 보나 환경으로 보나 매우 만족스러운 삶을 살고 있는 게 분명한 듯 보였지만, 사실은 스스로 늘 만족하지 못했고 재산이 많았음에도 언제나 불안해 했습니다. 그러다가 그는, 오직 하나님만이 그가 원하는 것을 채워주실 수 있으며 하나님께서 땅의 모든 보화보다 복음의 가난을 더 귀히 여기신다는 것을 깨닫고 은둔자의 삶을 택했습니다. 그 사람은 하나님이 온 마음을 다해 하나님을 찾는 자들에게 실로 달콤한 위로가 되신다는 것을 직접 맛보기 원했습니다. 이에 니꼴라는 그 사람의 후원을 받아 은둔자의 삶을 시작하였습니다. 고달픈 세상살이에 지친 그의 영혼이 안식을 찾고 있었기 때문입니다.

로렌스 형제는 그리스도를 향한 열심이 특별했으므로 광야로 들어가자마자 모든 두려움을 쫓아버릴 수 있었고, 그 어느 때보다 하나님을 꼭 붙잡을 수 있었습니다.

그러나 은둔자의 삶이란, 신앙의 경륜이 깊은 성숙한 신자들에게는 더없이 좋은 것일지 몰라도 이제 갓 시작한 사람들에게는 그다지 좋은 길이 아닐 수도 있습니다. 니꼴라 역시 그 사실을 곧 깨달았습니다. 기쁨과 슬픔과 평화와 괴로움과 열정 사이를 오락가락하는 감정의 변화와 그의 영혼을 온통 지배하던 헌신과 확신의 상실과 하나님께 대한 전적인 의존의 결핍으로 인해 과연 그 길이 옳은 길인지 의심하게 되었기 때문입니다. 그리고 마침내 일시적인 감정과 같은 불안한 모래가 아니라 예수 그리스도의 견고한 반석에 기초한 규칙으로 자신을 강하게 하여, 변덕스러운 행위를 끊어내는 온전한 헌신의 삶을 배우려면 수도원에 들어가야 한다고 결론 내렸습니다.

부활의 로렌스 형제

그는 맨발의 까르멜 수도회에 입회 신청을 하기 위해 파리로 갔고, 그곳의 수련수사가 되어 '부활의 로렌스 형제'라는 수도명(修道名)을 받게 되었습니다.

그는 수련 기간 초기부터 수도생활의 규칙을 착실히 이행했습니다. 특별히 그는 기도에 전념하였습니다. 그는 수련수사로서 맡은 일이 아무리 많다 하더라도 기도를 위해 따로 떼어놓은 시간을 결코 빼먹지 않았습니다. 그의 가장 큰 장점은 하나님의 임재를 끊임없이 의식하면서 하나님께서 그의 영혼에 부어주신 사랑을 추구하는 것이었습니다. 그래서 그는 곧 동료 수련수사들의 본이 되었습니다. 그는 예수 그리스도의 승리의 은혜를 의지하여 열심히 죄를 고백하였고, 인간의 본성이 끔찍이도 싫어하는 엄격한 금욕을 추구하였습니다.

수도원의 상급자들은 그에게 가장 낮고 천한 일들을 배당했지만 그의 입술에서는 한 마디의 불평도 나오지 않았습니다. 오히려 그는 다른 사람들이 가장 꺼리고 귀찮아 하는 임무를 감당하면서 그 일의 혹독함이나 가혹함에 좌절하거나 낙심하기를 거부했습니다. 위로부터 오는 은혜만을 사모했기 때문입니다. 그는 천성적으로 아무리 싫어하는 일을 맡더라도, 그렇게라도 고난을 받을 수 있는 것을 축복으로 여겼으며, 더욱이 구세주의 본을 따름으로써 겸손해질 수 있게 되어 행복하다고 생각하며 기쁜 마음으로 수행하였습니다.

이처럼 로렌스 형제가 남다른 품행을 보이고 동료들로부터 신망을 얻자, 수련수사들을 감독하는 사람은 그에게 다른 임무를 부과하여 그의 어려움을 가중시킴으로써 그의 소명의 진위와 그 마음의 견고함을 시험해볼 필요가 있다고 생각했습니다. 그러나 로렌스 형제는 그런 경험이나 시험 때문에 낙담하거나 주저앉는 대신, 모두가 예상한 대로 그 일들을 신실하게 수행했습니다.

한번은 어떤 형제가 그를 찾아와 수도원 측에서 그를 내보내려 한다는 소문이 들린다고 전했습니다. 그러자 로렌스 형제는 이렇게 대답했습니다.

"저는 하나님의 손 안에 있습니다. 그러니 하나님께서 기쁘신 뜻대로 처리하실 것입니다. 저는 사람들을 의식하며 행동하지 않겠습니다. 여기서 하나님을 섬기지 못하게 되더라도 다른 곳에서 하나님을 섬길 것입니다."

그렇게 몇 해가 흘러 로렌스 형제는 수도사 서원을 하고 맨발의 까르멜 수도회의 평수사가 되었습니다.

지옥의 고통과도 같은 죄의 괴로움

그는 과거의 죄에 대해 곰곰이 생각하다가 두려움에 사로잡혔습니다. 자기가 보기에도 자신이 무척이나 비참하고 하찮은 존재로 여겨졌습니다. 그래서 자신이 하나님의 은혜와 위로를 눈곱만큼도 받을 자격이 없는 형편없는 인간이라고 판단했습니다. 그는 하나님께서 특별한 은총을 베풀고 계심을 알고 있었습니다. 하지만 자신이 얼마나 형편없는 인간인지를 깨닫고 낮아질 대로 낮아진 그로서는, 감히 하나님께서 주시는 하늘 축복을 받아들일 수가 없었습니다. 그는 하나님께서 실로 자비가 풍성하신 분이어서 자신과 같은 추악한 죄인과 교통하신다는 것을 알지 못했습니다. 그러자 그런 오해에서 비롯된 잘못된 두려움이 그의 심령을 완전히 움켜쥐기 시작했습니다. 의심이 그에게 안겨준 고통이 얼마나 가혹했던지 그는 그것을 지옥의 고통에 비유하였습니다.

이 시련의 시기에 그는 자신의 처소 옆에 있던 한적한 장소를 종종 찾았습니다. 그곳에서 그는 하나님 앞에 영혼을 쏟아부었고, 자신이 하나님만을 전적으로 의지하고 있으며 또 하나님을 기쁘시게 하는 것 말고는 아무것도 원하지 않으니 멸망하지 않도록 보살펴달라고 간구했습니다.

그러나 하나님께 이처럼 간절히 구했는데도 고통은 더욱 증대되어 마침내 견디기 힘든 두려움과 혼란으로 갑자기 마음의 통제력을 잃게 되는 지경에 이르기도 했습니다. 그가 안전한 포구로 여겼던 수도원의 고독은 광풍에 요동하는 바다가 되어버렸고, 그의 마음은 선장에게 버려진 채 거센 바람과 폭풍에 흠씬 두들겨 맞은 배처럼 흔들거렸습니다. 그는 어디로 가야 할지, 어디로 도망쳐야 할지 도무지 갈피를 잡지 못했습니다. 한편으로 지속적인 자기희생을 통해 주님께 완전히 굴복하라고 재촉하는 은밀한 내적 욕구를 느끼기도 했지만, 다른 한편으로는 그러다가 오히려 옆길로 엇나가 죄에 빠지는 것은 아닌지 염려하였습니다.

결국 이런 염려는 본의 아니게 주님을 거부하는 결과를 낳았고, 이 모든 생각들은 그를 두려움으로 가득 채웠습니다. 그에게는 모든 것이 섬뜩하게만 느껴졌습니다. 그의 영혼은 쓰라림과 어둠의 나락으로 깊이 추락하여 땅에서든 하늘에서든 아무 위로를 얻지 못했습니다.

이렇게 고통스러운 상황은 하나님께서 측량할 수 없는 하늘의 보화를 베푸시기 전, 자신의 참된 종들을 시험하기 위해 종종 사용하시는 방법입니다. 하나님께서 로렌스 형제에게 허락하신 일이 바로 그런 일이었습니다.

우리는 이 시련의 시기 동안에 그가 보인 인내와 아름다움과 절제와 견고함과 마음의 평정을 상상할 수 없습니다. 왜냐하면 그는 행위나 자신에 대한 생각 모두 겸손함으로 일관하였고, 자신을 하잘것없는 존재로 간주하여 고난과 굴욕을 당하는 것을 진정으로 귀하게 여겼고, 또 주님의 잔(盞)만을 구하여 그 쓴 잔을 달게 마셨기 때문입니다.

하나님께서는 그가 회심(回心) 초기에 느꼈던 기름부음의 일부라도 간직할 수 있게 허락하실 수도 있었지만 그렇게 하지 않으셨습니다. 그렇게 지속된 두려움과 괴로움은 10년가량 그를 놓아주지 않았습니다. 기도를 해도 기쁨이 없었고 온갖 고통을 감내해도 영혼의 두려움과 괴로움이 누그러지지 않았습니다. 그의 삶은 날로 견디기 어려워졌고, 그의 영혼은 극단적인 궁핍함으로 내몰려 스스로를 너무나도 메스꺼운 존재로 여기게 되었고, 그조차도 그런 자신을 도저히 참을 수가 없었습니다. 오로지 믿음만이 그를 지탱해주는 버팀목이었습니다.

고통받으며 사는 것이 하나님의 뜻이라면

하지만 그는 이처럼 다양한 생각들이 극단으로 치닫는 와중에도 용기를 잃지 않았습니다. 오히려 가장 가혹한 고통의 한가운데서도 기도를 의지했고, 하나님의 임재를 느끼기 위해 애썼으며, 모든 덕을 실천하기를 중단하지 않았습니다. 그는 엄격한 금욕을 감내하였고, 이른 새벽까지 기도했으며, 때로는 제단 앞에서 온 밤을 하얗게 지새우기도 했습니다.

그러던 어느 날 제단 앞에 머리를 조아리고 자신이 그런 고통을 받고 있는 것이 오로지 하나님을 향한 사랑 때문이며 또 하나님을 기쁘시게 하지 못하면 절대로 안 되겠다는 염려 때문이라는 것을 상기했습니다. 자신의 영혼이 겪고 있는 가혹한 고통에 대해 곰곰이 생각하다가, 그는 자신이 심히 추악하고 비참하고 무익한 죄인임을 깨달아 그렇게 고통 받는 것이 하나님의 기쁘신 뜻이라면, 남아 있는 생애 동안에만 아니라 영원의 시간 동안이라도 하나님을 사랑하는 마음으로 그 모든 것을 기쁘게 견뎌내리라 굳게 결단하고 자신의 모든 것을 하나님께 온전히 맡기게 되었습니다.

그 순간부터 그의 마음은 날로 강건해졌습니다. 인간에게 자신을 깨우쳐주기 위해 많은 시간이나 사변적 추론을 요구하지 않으시는 하나님께서 갑자기 그의 눈을 열어주셨습니다. 로렌스 형제는 하나님의 빛이 자신의 영혼을 비춰주시는 것을 똑똑히 볼 수 있었습니다. 그 빛은 그의 모든 염려와 두려움을 가시게 했으며, 그의 모든 고통도 저절로 사라졌습니다.

그는 더 이상 자기 자신이나 자신의 죄를 주목하지 않았고, 대신 오로지 하나님께만 시선을 고정하였습니다. 이때 그가 받은 은혜는 그때까지의 모든 고통을 상쇄하고도 남았습니다. 그는 하나님의 장대하심을 묵상하는 영혼에게는 세상이 너무도 작게 보인다는 그레고리(Gregory. 4세기의 신학자이자 목회자. 교회의 영적갱신과 수도원운동에 크게 기여했다)의 말이 무슨 뜻인지 분명히 이해하고 있었을 것입니다. 그가 까르멜 수도원의 한 수녀에게 보낸 편지가 그것을 잘 보여주고 있습니다. 그 편지 중의 한 대목은 다음과 같습니다.

"세상은 이제 더 이상 제 친구가 되지 못합니다. 육신의 눈에 보이는 모든 것들은 환영(幻影)과 꿈처럼 덧없이 지나가기 때문입니다. 저는 오로지 영혼의 눈에 보이는 것들만을 소망합니다. 영혼의 눈에 보이는 것들로부터 너무 멀리 떨어져서 저 자신을 바라보면, 그것이 저의 슬픔과 고통의 원인이 됩니다. 저는 어둠의 그림자를 내쫓는 하나님의 의(義)의 밝은 빛에 눈이 부시지만 한편으로는 제 자신의 비참한 형편에 눈이 멀어 정신을 잃곤 합니다. 그러나 제가 평소 수행하는 가장 평범한 일은, 주인에게 아무 도움도 드리지 못하지만 신실하게 힘쓰는 종의 겸손함으로 하나님의 임재 안에 머무는 것입니다."

그 후로, '주인에게 아무 도움도 드리지 못하지만 신실하게 힘쓰는 종의 겸손함으로 하나님의 임재 안에 머무는' 이 거룩한 일이 그의 삶의 두드러진 특성이 되었습니다. 그리고 이렇게 하나님을 의식하는 상태에 지속적으로 머물기 위해 노력하는 일이 너무나 자연스러운 습관이 되어, 그는 삶의 순간순간 하나님의 임재(그의 말을 빌리면 조용하고도 친밀하게 하나님과 대화하는 것)를 연습하면서 이후 40년의 생애를 보냈습니다. 이것은 그의 본성과도 같이 되어 나중에는 하나님의 임재를 망각하는 것이 오히려 어려운 일이 되었습니다.

온전함에 이르는 가장 빠른 길

로렌스 형제는 이런 연습이 자신의 영혼에 가져다주는 엄청난 유익을 직접 체험하면서, 주변의 형제들에게도 가능한 모든 주의를 기울여 신실하게 이 연습에 전념하라고 권고하는 한편, 그들이 굳은 결의와 용기로 하나님의 임재 연습에 착수할 수 있도록 강력히 설득하였습니다. 그 설득의 힘이 얼마나 컸던지 형제들의 마음을 움직였을 뿐 아니라 심령까지 감동시켜, 마침내 모두 이전에 처음 이 연습을 대할 때 가졌던 냉담한 무관심을 무색하게 하는 뜨거운 열정으로 이 거룩한 연습을 사모하도록 만들었습니다.

로렌스 형제는 말로 사람들을 설득하는 은사도 있었지만, 그보다는 훌륭한 모범으로 설득하는 힘이 더욱 강력했습니다. 누구라도 그를 보기만 하면 하나님의 임재를 연습하는 것을 배울 수 있었고 또 하나님 임재 안으로 들어갈 수 있었기 때문입니다.

로렌스 형제는 하나님의 임재를 연습하는 것이 죄에 대한 가장 강력한 방어책이자 그리스도인의 온전함, 곧 가장 참되고 진실한 삶에 이르기 위한 가장 빠르고 쉬운 길이라고 하였습니다.

로렌스 형제는 이 연습을 습관화하려면 용기와 기꺼이 하고자 하는 마음만 있으면 된다고 형제들을 독려했으며 말보다는 행동의 모범으로 이 진리를 입증하였습니다. 그는 수도원에서 가장 고된 임무이자 사람의 주의를 가장 산만하게 흐트러트리는 부엌일로 일상의 임무를 수행하면서도 마음과 영혼을 하나님께 완전히 고정하였습니다. 그는 부엌일이 아무리 바쁘고 어려워도, 심지어 두 사람이 하던 일을 혼자 하게 되었을 때조차 급히 서두르는 법이 없었습니다. 오히려 각각의 일에 필요한 시간을 정확히 배분하면서 절도 있고 평온한 태도를 잃지 않았습니다. 그는 느릿느릿 일하지도, 당황하거나 서두르지도 않았습니다. 대신 언제나 한결같은 평온함과 침착함을 유지하였습니다.

거룩한 본성의 사람

그는 인간이 하나님을 향해 품을 수 있는 사랑 가운데 가장 큰 사랑으로 부엌 임무를 수행했습니다. 그리고 가장 하찮은 일들을 가장 기쁘게 수행하면서 부엌에서 오랜 세월을 지내다가 하나님의 섭리로 다른 임무를 맡게 되었습니다. 부상당한 다리에 궤양이 발생하여 수도원의 상급자들이 그에게 좀 더 쉬운 임무를 맡기지 않을 수 없게 된 것입니다. 그는 신령과 진정으로 하나님께 예배할 수 있는 다소의 여유와, 믿음과 사랑의 실천을 통해 오로지 하나님과 함께하는 일에 더욱 전념할 수 있는 시간을 얻었습니다.

그는 사람들의 이목을 끌려고 애쓰지 않았습니다. 엄격한 금욕생활에 지친 모습이나 침울한 표정으로 사람들의 관심을 사려는 대신 평범한 삶을 사는 다른 사람들처럼 언제나 소박함을 잃지 않았습니다. 그는 남에게 고개를 숙여본 적이 없는 사람들과 같지 않았고, 거룩한 삶과 소박한 몸가짐을 겸하는 게 불가능하다고 생각하는 부류에 속하지 않았습니다. 아무것도 꾸미지 않았고, 언제나 친절한 태도로 모든 사람들과 사귀었으며, 주변의 형제와 친구들을 정직하게 대했고, 자기가 그들보다 더 우월하다고 주장하지 않았습니다.

그는 하나님의 은혜에 편승하거나 자신의 미덕을 자랑하여 사람들의 존경을 얻으려는 짓은 결코 하지 않았습니다. 대신 무명의 미천한 삶을 살기 위해 확고한 태도로 노력했습니다. 모름지기 교만한 인간은 다른 사람들 마음에서 높은 자리를 차지하게 해주는 모든 가능한 수단을 얻기 위해 머리를 싸매지만, 진정으로 겸손한 사람은 그런 갈채와 칭송을 피하고 또 다른 사람들이 자신을 향해 그런 존경을 품는 것을 차단하기 위해 노력을 기울이는 법입니다.

기독교 초창기의 성인(聖人) 가운데는 사람들의 조롱과 멸시를 유발하기 위해서 혹은 자기들이 얻은 가당치 않은 명성에 의심을 불러일으키기 위해 의도적으로 우스꽝스러운 행동을 하는 이들이 적지 않았습니다. 로렌스 형제 역시 그런 방책을 사용하였습니다. 그는 사람들 마음에 존경심을 불러 일으킬 만한 행위들을 의도적으로 삼갔으며, 자신의 덕을 감추고 보석처럼 빛나는 그 광채를 가리기 위해 어린아이 같은 유치한 행동을 하기도 했습니다. 그는 세간의 평판이나 명망을 추구하는 대신 하늘로부터 오는 영광을 구했고, 오로지 하나님께만 자신의 행위를 보여드리기를 원했으며, 오직 하나님만을 상급으로 바라보았습니다.

땅에 있지만 하늘에 있는 사람

그는 자신의 유익을 위해서는 말을 많이 하지 않았지만, 형제들의 가르침을 위해서는 자신의 생각과 느낌을 주저하지 않고 전했습니다. 그의 가르침은 비교적 많은 것을 깨달아 그 지식과 사유 능력으로 종종 교만해지는 형제들이 아니라 많이 깨닫지 못한 어수룩한 형제들에게 주로 향했습니다. 그는 그런 형제들에게 아무것도 감추지 않고 내적 삶의 가장 아름다운 비밀과 하나님의 지혜의 보화를 경이로울 만큼 소박하게 다 펼쳐 보였습니다. 그리고 그의 가르침에 수반된 기름부음의 능력이 형제들의 마음을 실로 강력하게 움직여, 헤어질 시간이 되면 형제들 모두 하나님의 사랑으로 가득 찼고 로렌스 형제에게 직접 배운 놀라운 진리를 당당히 실천하고자 하는 소망을 품고 돌아가곤 하였습니다.

하나님께서는 심판에 대한 두려움보다 지극한 사랑으로 로렌스 형제를 이끄셨습니다. 로렌스 형제 역시 수도원의 다른 형제들에게 지극한 하나님의 사랑을 불어넣었으며, 육체와 연결된 끈은 아주 미약한 것이라도 당장 끊어버려야 하며 또 새 사람을 온전히 입기 위해 옛 사람을 죽이라고 촉구했습니다. 그는 형제들에게 이렇게 말하곤 했습니다.

"영적인 삶에서 한층 더 진보하기를 원한다면 세상 물정에 밝은 사람들의 치밀한 연설이나 아름다운 말에 주의를 기울여서는 절대 안 됩니다. 호기심을 만족시키기 위해 사람의 지혜를 구하는 이들에게 화가 미칠 것이기 때문입니다! 창조주 하나님께서 겸손한 심령에게 진리를 가르치실 것이며 우리 믿음과 하나님의 오묘함에 대해 우리가 몇 년 동안 묵상하며 깨달았던 것보다 더 많은 것을 한순간에 깨우쳐주실 것이기 때문입니다."

이런 까닭에 그는 아무 유익도 없이 마음만 괴롭게 하고 심령만 메마르게 하는 헛된 질문에 대답하기를 조심스레 피했습니다. 그러나 수도원 회의에서 제기된 몇 가지 난제에 대해 의견을 솔직히 개진하라고 사람들이 요구할 때는 간결하고도 직선적으로 요점을 명확히 짚어 다른 사람들의 입을 봉하였습니다. 수도원의 간부들과 수도사들을 비롯하여 지식을 자랑하던 몇몇 사람들은 그에게 대답을 요구할 때마다 그런 일을 목격하곤 했습니다.

프랑스의 유명한 주교 한 사람도 로렌스 형제와 직접 대화를 나누었을 때 그런 느낌을 받았습니다. 그는 로렌스 형제가 내적으로 하나님의 음성을 들을 만한 자격과 하나님의 오묘하심에 대한 계시를 받을 만한 자격을 갖추었다고 말하는 한편, 하나님을 향한 그의 사랑이 정말 크고 순수하여 그가 비록 땅에서 살고 있지만 하늘에서 하나님과 함께 사는 사람처럼 하나님의 임재 안에서 살고 있다고 덧붙였습니다.

자신이 하나님보다 더 주목을 받을까 염려하여

로렌스 형제는 창조된 세상에 대해 묵상함으로써 자신을 하나님께 올려드렸습니다. 그리고 우리가 마땅히 해야 하는 대로 '창조된 세상'이라는 훌륭한 책을 읽는 법을 익히면, 그 지식은 종이로 만든 책에서 배울 수 있는 것에 비할 바가 되지 못한다고 말했습니다. 그는 세상을 구성하는 다양한 요소들에 감명을 받아 그것을 통해서도 하나님을 의식하였는데, 그 감명의 영향력이 실로 강력하여 그 무엇도 그의 영혼을 하나님께로부터 떼어놓을 수 없었습니다. 그는 세상을 구성하고 있는 모든 요소들이 제각각 창조주 하나님의 능력과 지혜와 선하심을 어떻게 드러내고 있는지 깨달았으며, 이런 요소들이 자신의 영혼을 기쁘게 하고 경이로움으로 가득 채우고 자기 심령을 사랑과 환희로 높이 들어 올려 구약 선지자처럼 '주님의 생각은 헤아릴 수 없고 주님의 계획은 심오하며 주님의 역사는 강력합니다!'라고 탄성을 지르게 한다는 것을 알아차렸습니다.

로렌스 형제는 하나님과의 말로 다 할 수 없는 사랑의 교통

(交通)과 하나님의 장대하심에 대해서도 매우 심원하고 섬세히 기록하였습니다. 그래서 그 글을 단 몇 줄만 읽은 사람이라도 완전히 매료되고 감화를 받아 칭송을 아끼지 않았습니다. 그러나 그는 자신이 하나님보다 더 주목을 받을까 염려하여 그 글들을 보이기 무척 꺼렸으며, 불가피하게 빌려줄 경우에는 언제나 최대한 빨리 돌려달라는 조건을 달았습니다.

그러나 이런 요청에도 불구하고 그중 일부는 주인에게 돌아가지 않고 오늘 우리 손에 있게 되었습니다. 그가 쓴 글들을 더 많이 읽을 수 없다는 것이 아쉬울 따름입니다. 왜냐하면 그의 편지와 잠언들 가운데 남아 있는 것들 몇 가지만 가지고도, 그 글들이 성령으로부터 비롯되었으며 하나님의 사랑의 결과물임을 알 수 있기 때문입니다.

그는 때로 개인적인 체험도 기록했습니다. 하지만 그 다음에는 그 기록과 내면에서 일어나는 실제 느낌을 비교하였고, 그 기록이 자신이 체험하는 하나님의 선하심과 위대하심에 미치지 못하고 또 그 느낌과 완전히 동떨어져 있다고 판단하여 즉시 찢어버리곤 했습니다. 사실 그는 그것들을 기쁜 마음으로 찢어버렸습니다. 왜냐하면 체험의 느낌을 기록한 까닭은 단지 당시의 체험으로 가득 찼던 심령을 깨끗이 비워 자신의 영혼을 자유롭게 하기 위해서였기 때문입니다. 하나님의 새로운 불이 그를 삼킬 때 그의 심령과 가슴이 이전의 느낌으로 가득 차서 그 불을 담지 못하는 일이 벌어지지 않도록 충분한 공간을 만들기 위함이었습니다.

영혼의 생명이자 자양분

믿음 역시 로렌스 형제의 뛰어난 주요 덕목의 하나였습니다. "오직 의인은 믿음으로 말미암아 살리라"(롬 1:17)라는 말씀처럼 믿음은 그의 영혼의 생명이자 자양분이었습니다. 믿음은 그의 영혼을 성장시켰고 그의 내적 삶을 가시적(可視的)으로 발전시켰습니다. 믿음은 그로 하여금 세상을 이기게 했고, 만물보다 하나님을 더 높이게 했으며, 세상에 속한 것들에 조금이라도 마음을 두지 않게 했습니다. 믿음은 그를 하나님께 인도하였고 오로지 하나님만을 소유하는 것에서 행복을 찾게 하였습니다. 믿음은 그의 스승이었습니다. 그가 세상의 모든 책들을 다 읽었다고 해도, 믿음을 통해 배운 것만큼 많이 배우지는 못했을 것입니다. 그는 믿음으로 진리를 깨달을 수 있다고 확신하여 종종 이렇게 말했습니다.

"하나님에 관한 모든 아름다운 설교들도, 하나님에 관한 모든 책들도, 심지어 하나님에 관한 제 모든 느낌들조차 저를 만족시키지 못합니다. 절대적으로 완전하신 하나님을 인간의 말로 표현할 수 없으며, 하나님의 위대하심을 완벽하게 전달할 만큼 힘찬 에너지를 가진 용어도 존재하지 않기 때문입니다. 제게 하나님을 밝혀주는 것, 하나님을 있는 그대로 깨우쳐주는 것은 믿음입니다. 저는 몇 년 동안 책에서 배울 수 있는 것보다 더 많은 것을 믿음을 통해 아주 짧은 시간에 배웁니다."

그는 큰 소리로 다음과 같이 말하곤 했습니다.

"오, 믿음! 오, 믿음이여! 인간의 영혼을 조명하여 창조주를 아는 지식으로 이끄는 감복할 덕이로다! 오, 믿음이여! 오, 복스러운 덕이여! 네가 주는 지식이 영적으로 이롭고 찬란하기 그지없는데도 사람들은 너를 따라 살기는커녕 알려고도 하지 않는구나!"

로렌스 형제는 하나님의 선하심을 확고하게 소망하였고, 아들이 아버지를 믿는 것처럼 하나님의 섭리를 믿었으며, 모든 것을 하나님의 손에 전적으로 의탁하였고, 사후에 자신에게 어떤 일이 일어날지 결코 염려하지 않았습니다. 이 모든 것들이 그의 살아 있는 믿음 안에서 태어난 것이었습니다. 그는 생애의 가장 안정적인 시기에도 자신의 구원을 위해 하나님의 은혜의 능력과 예수 그리스도의 십자가 공로를 그저 수동적으로 의지하는 데 만족하지 않았습니다. 대신 자기 자신과 자신의 생각을 완전히 망각하고, 철저히 능동적인 태도로 하나님의 무한하신 자비의 품에 자신을 내던졌습니다. 상황이 절망적으로 보일수록 그의 소망은 더 밝은 빛을 발하였습니다. 앞서 수도 생활을 시작한 직후 그의 내적 고통에 대해 언급했던 것처럼 그는 거친 파도에 매를 맞는 갯바위와 같았지만, 그 바위는 폭풍 속에서 더욱 강해졌습니다.

믿음 소망 사랑

어거스틴(Augustine)은 소망의 크기가 받을 은혜의 크기를 결정한다고 했습니다. 그렇다면 하나님께서 로렌스 형제에게 주신 소망의 크기는 어땠을까요? 한마디로 그는 성경말씀에 이른 것처럼 바랄 수 없는 중에 바라고 믿었습니다(롬 4:18). 그리고 그 소망의 크기대로 은혜를 받았습니다. 우리가 하나님께 드릴 수 있는 가장 큰 영광은 우리 자신의 힘을 의지하는 대신 하나님의 보호를 전적으로 의지하는 것이라고 그가 종종 말했던 것이 바로 그 까닭입니다. 이것은 우리 자신의 나약함을 정직하게 인정하고 창조주 하나님의 전능하심을 받아들이는 길입니다.

사랑은 모든 덕(德)의 토대요 최고봉으로서 다른 모든 덕에 진정한 가치와 의미를 부여합니다. 그런 점에서 로렌스 형제의 덕이 거의 완벽에 가까웠다는 것은 놀랄 일이 아닙니다. 하나님을 향한 사랑이 그의 심령을 완벽하게 다스리고 있었기 때문입니다. 그는 버나드(Bernard. 12세기의 영성신학자)가 말한 것처럼 오직 이 '신령한 목표'만을 사모했습니다. 믿음은 하나님을 주권적 진리로 바라보게 하였습니다. 소망은 그로 하여금 하나님을 마지막 목표이자 완벽한 행복으로 그리도록 했습니다. 사랑은 하나님을 모든 존재 가운데 가장 완벽하신 분, 더 엄밀히 말해서 완벽 그 자체로 보게 하였습니다.

로렌스 형제는 이기적인 목적을 이루기 위해 하나님을 사랑하지는 않았습니다. 그의 하나님 사랑에는 아무런 사심(私心)이 들어 있지 않았습니다. 아마 그는 죽을 때까지 고통을 피할 수 없고 또 아무런 보상을 기대할 수 없다고 해도 변함없이 하나님을 사랑했을 것이며, 하나님의 영광과 하나님으로부터 오는 좋은 것만을 바랐을 것이며, 하나님의 거룩하신 뜻을 이루는(그가 나중에 병에 걸려 마지막 숨을 거둘 때까지도 건강한 사람처럼 자기 심령의 느낌을 솔직히 설명했다는 사실에서 주목할 수 있듯이) 데서 기쁨을 찾았을 것입니다.

오직 하나님의 영광을 위해서

하나님을 향한 그의 사랑이 얼마나 깨끗하고 맑았던지, 그는 가능하기만 하다면 자기가 하나님을 위해 하는 일들을 하나님이 보지 않으셨으면 좋겠다고 소망하기도 했습니다. 그렇게 해주신다면, 자신에게 돌아올 보상을 전혀 기대하지 않고 오직 하나님의 영광을 위해서만 모든 것을 행할 수 있으리라 생각했기 때문입니다.

그렇지만 하나님께서 자신의 행위에 즉각 수천 배로 보상하지 않고 그냥 넘어가는 법이 없으시며, 신령한 느낌을 넘치게 부어주셔서 때로 그 느낌에 압도되곤 한다고, 그는 가까운 친구들에게 사랑스럽게 볼멘소리를 터트리곤 했습니다.

하나님을 향한 정결하고 순전한 사랑이 그의 심령에 더욱 뜨거운 불을 붙였고, 그의 내면에서 타오르는 하나님의 불의 화염을 더욱 맹렬하게 했으며, 때로는 그 불꽃이 그에게서 분출되기도 했습니다. 그는 이 내적 화염의 엄청난 열기를 드러내지 않으려고 무척 애썼지만 때로는 그 자신의 힘으로 어찌할 도리가 없어, 그의 얼굴이 벌겋게 달아오르는 것을 주변의 형제들이 종종 목격하곤 했습니다. 그러나 홀로 있을 때는 그 뜨거운 불을 활활 타오르게 하여 "오, 주님! 제 영혼의 능력을 더욱 확장시켜 주님을 향한 사랑을 더 많이 담게 하옵소서. 주님의 전능하신 힘으로 저를 지탱해주옵소서. 그렇게 하지 않으시면 주께서 주시는 거룩한 사랑의 화염에 제가 그만 살라질 것만 같습니다!"라고 외쳤습니다.

그는 형제들과 대화를 나눌 때면 젊은 시절에 시간을 허비했던 것을 후회하며 종종 다음과 같이 말하곤 했습니다.

"아! 저는 주님을 너무 늦게 사랑하기 시작했습니다. 저는 젊은 시절에 하나님을 섬기는 데 주의를 기울이지 않았습니다. 그러나 형제 여러분은 저의 정직한 고백을 잘 들으시고 절대 그렇게 하지 말기 바랍니다. 여러분은 아직 젊습니다. 여러분의 모든 시간을 하나님을 사랑하는 일에 바치십시오. 확실히 말씀드리지만 제가 좀 더 일찍 주님을 알았더라면, 지금 형제 여러분이 듣고 있는 말들을 누군가가 제게 해주었다면, 그렇게 귀한 시간을 낭비한 뒤에야 주님을 사랑하기 시작하지는 않았을 것입니다. 제 말을 귀담아 들으십시오. 여러분의 인생에서 하나님을 사랑하며 보내지 않은 시간은 쓸모없이 허비한 시간으로 여기십시오!"

하나님을 향한 사랑과 이웃을 향한 사랑은 하나이며 또 동일한 것이므로, 우리는 로렌스 형제의 '하나님을 향한 사랑'으로 그의 '이웃을 향한 사랑'을 판단할 수 있습니다. 그는 형제 중에 가장 작은 자에게 한 것이 곧 하나님께 한 것이라는 주님의 가르침(마 25:31-46)을 그대로 믿었습니다. 그는 어떤 임무를 맡든지 그 임무를 통해 형제들을 섬기기 위해 세심히 배려했고 특별히 부엌에서 일하는 임무를 맡았을 때 더욱 그러했습니다. 그는 부엌에서 일하는 동안, 수도원의 가난한 살림살이 안에서나마 형제들의 육신의 건강에 필요한 모든 것들을 공급하기 위해 최선을 다했고, 그들을 천사처럼 여겨 기쁘게 섬기고 대접하였습니다. 그는 부엌에서 일하는 모든 수련수사들에게 이런 섬김의 자세를 심어주었습니다.

그는 힘 닿는 대로 가난한 사람들을 도왔으며, 그들의 고통을 위로했으며, 선한 말로 격려하고, 그들이 땅의 양식을 위해 힘써 일하는 동시에 하늘의 양식을 얻기 위해서도 힘쓰도록 각성시켰습니다. 그는 모든 사람들을 하나님께 인도하기 위해 모든 사람에게 모든 모양의 인물이 되었습니다(고전 9:22).

사랑과 인내

사도 바울은, 사랑은 사랑하는 상대방을 위해 모든 것을 견디며 모든 어려움을 이기며 모든 고통을 기꺼이 감내한다고 말했습니다(고전 13:4,7). 그렇다면 로렌스 형제는 병약한 중에도 인내했을까요? 하나님을 향한 완벽한 사랑을 그대로 간직했을까요? 사도 바울의 글(고전 13장)을 잘 읽어보면 사랑과 인내가 실로 아름다운 관계를 이루고 있다는 것과 사랑은 완벽함에 도달하기 위한 수단이며 인내는 사랑이 외적으로 표현된 형태라는 것을 알 수 있습니다.

과연 하나님께서는 로렌스 형제를 그런 완벽함의 상태에까지 끌어 올리셨을까요? 그가 하나님께서 허락하신 매우 고통스러운 장애와 질병을 평생 안고 살면서도 이 두 가지 덕목을 훌륭히 나타냈다는 것은 의심의 여지가 없습니다. 그는 좌골(坐骨) 부위의 통풍(痛風)으로 인한 지독한 통증을 안고 거의 25년 동안 다리를 절며 살았고, 더욱이 다리에 궤양이 발생하여 격심한 고통을 견뎌야 했으며, 노년에는 하나님께서 그로 하여금 죽음을 준비하게 하고 또 그를 위해 준비한 상급을 받기에 합당한 인물로 만드시기 위해 보내신 세 가지 질병을 같이 앓아야 했기 때문입니다.

세 가지 질병 가운데 처음 두 질병은 그를 극단의 상태까지 몰고 갔지만, 그는 경탄할 만한 인내심으로 그 고통을 이겨냈으며 지독한 고통 한가운데서도 가장 건강했을 때 보여주었던 영혼의 평정을 잃지 않았습니다. 그는 첫 번째 질병을 앓을 때 속히 하나님 곁으로 가기를 소망하기도 했습니다. 그는 자신의 체온이 점점 떨어지는 것을 느끼며 의사에게 "선생님의 치료로 많이 호전되었습니다. 그러나 그것이 제 행복을 지체시키고 있을 뿐입니다"라고 말했습니다.

두 번째 질병을 앓을 때는 삶이든 죽음이든 어느 것을 더 바라는 것처럼 보이지 않았습니다. 살게 되면 사는 대로, 죽게 되면 죽는 대로 오로지 하나님의 뜻에 따라 되기를 소망하였습니다. 그는 오직 하나님께서 주권적인 섭리로 정해주시기만을 바랐습니다.

그러나 그의 영혼을 육체로부터 분리시켜 하늘에 계신 사랑하는 아버지와 연합하게 했던 세 번째 질병을 앓을 때, 그는 죽음을 감지하여 시종 기뻐하는 태도를 보였습니다. 오래 전부터 그 축복의 순간을 갈망해 왔으므로 그 순간이 다가오자 더욱 기뻐했던 것입니다. 아무리 용감한 전사(戰士)라도 죽음을 감지하면 두려워 놀라게 마련이지만 그는 전혀 요동하지 않았습니다. 오히려 편안한 마음으로 담대하게 맞이했습니다.

한 형제가 로렌스 형제를 위해 마련된 초라한 침상을 보면서 "로렌스 형제님, 이것이 형제님의 마지막 침상입니다. 아무래도 주님 곁으로 가야 할 때가 가까운 것 같습니다"라고 말했습니다. 그러자 그가 "그렇군요. 저기에 제 임종의 자리가 있군요. 그러나 저런 침상에 눕게 될 것이라고 생각지도 못한 누군가가 곧 저를 따라올 것입니다"라고 말했습니다.

그리고 며칠 뒤, 로렌스 형제가 예견한 대로 되었습니다. 로렌스 형제에게 그 말을 했던 형제는 매우 건강했는데 갑자기 다음 날 쓰러져, 로렌스 형제가 매장되던 날 죽었고, 그 다음 수요

일에 로렌스 형제와 같은 묘지에 묻혔기 때문입니다. 마치 생전에 서로 아끼며 존경했던 이 두 형제를 결속했던 사랑이 두 사람을 죽음으로 갈라놓기를 원하지 않아 두 사람을 같은 묘지에 눕게 한 것만 같았습니다.

로렌스 형제는 세상을 떠나기 몇 개월 전, 자기가 2월을 마치기 전에 죽게 될 것이라고 몇몇 사람들에게 말하였습니다. 그는 한 수녀에게 보름 간격으로 두 통의 편지를 보냈는데, 첫 번째 편지 말미에서 이렇게 적었습니다.

"자매님께 작별을 고합니다. 이제 곧 주님 뵙기를 소망합니다."

그리고 마지막 병상에 눕기 이틀 전인 2월 6일에 작성한 두 번째 편지에는 이렇게 끝을 맺었습니다.

"자매님께 작별을 고합니다. 하나님의 자비와 은혜로 며칠 안에 주님을 뵙기를 소망합니다."

로렌스 형제는 마지막 병상에 누운 바로 그날(목요일), 평소 가깝게 지내던 형제 한 사람에게 자신이 병상에 오래 누워 있지 않고 곧 세상을 떠나게 될 것이라고 말했습니다. 그리고 병상에 누운 다음 날(금요일)에는 자신이 죽을 날짜까지 확신하여 그 다음 돌아오는 월요일에 세상을 떠나게 될 것이라고 그 형제에게 말하기도 했습니다. 그리고 자신의 말대로 주님의 품으로 돌아갔습니다.

연약한 중에 찬양합니다

그의 마지막 모습과 죽음에 관련한 이야기나 그가 임종의 자리에서 밝힌 느낌에 대해 말하기 전에 그가 병상에서 보인 일관된 태도에 대해 먼저 말해야 할 것 같습니다. 이 시기에 그에게 남은 유일한 소망은 주님을 위해 고난 받는 것이었습니다. 그는 이전에도 가끔 말했던 것처럼 자신의 유일한 슬픔이 주님을 사랑하는 마음으로 충분한 고난을 받지 못했다는 것이라고 하면서, 이처럼 모진 질병의 고통을 당하고 있으니 적지 않은 위로가 된다고 했습니다.

그는 이 시기를 주님을 위해 고통을 받을 수 있는 가장 좋은 기회로 여겨 결코 피하려 하지 않았습니다. 그는 오른쪽으로 눕는 자세가 자신에게 가장 고통스럽다는 것을 깨달아 의도적으로 그런 자세를 취했고, 고난을 받고자 하는 열렬한 열심으로 계속 그런 자세로 있기를 바랐습니다. 옆에 있던 형제가 보다 못해 돌려 누이려 하면 두 번이나 완강히 사양하면서 "아니요! 아니요! 되었습니다. 주님을 사랑하는 마음으로 좀 더 고통 받을 수 있게 조금만 더 내버려두십시오!"라고 말했습니다.

그는 이처럼 고통스러운 상태에서도 감격한 목소리로 "오, 나의 하나님! 심히 연약한 가운데서 하나님을 찬양하옵니다. 아주 작은 고난이지만 마침내 주님을 위해 고난을 받을 수 있게 되었으니 감사드립니다. 이렇게 주님과 함께 고난을 받다가 주님과 함께 죽게 하옵소서!"라고 반복해서 말했고, 그런 뒤 시편 말씀을 낭송했습니다.

"하나님이여 내 속에 정한 마음을 창조하시고 내 안에 정직한 영을 새롭게 하소서 나를 주 앞에서 쫓아내지 마시며 주의 성신을 내게서 거두지 마소서 주의 구원의 즐거움을 내게 회복시키시고 자원하는 심령을 주사 나를 붙드소서"(시 51:10-12).

오른쪽으로 눕는 자세가 그에게 지독한 통증을 안겨주었던 까닭은 오른쪽 옆구리에 늑막염을 앓고 있었기 때문입니다. 그런데 그 통증이 얼마나 가혹했던지, 옆에서 간호하던 형제가 제때 도착하여 호흡곤란에 빠진 그를 발견하고 즉시 돌려 눕혀 숨을 제대로 쉬게 하지 않았다면 그는 아마 더 일찍 죽었을지도 모릅니다.

그러나 그는 주님을 위해 고통 받기를 너무도 갈망하여 그런 상태를 더없는 위안으로 여겼고, 몇 가지 질병의 맹렬한 공격을 받았지만 한순간이라도 슬퍼하는 기색을 보이지 않았습니다. 그의 내면의 기쁨은 표정뿐 아니라 말에서도 그대로 묻어났습니다. 그래서 병문안을 온 몇몇 사람들이 그에게 하나도 아프지 않느냐고 묻기도 했습니다.

그리고 그럴 때마다 그는 "용서하십시오. 오른쪽 옆구리가 많이 아픕니다. 그러나 마음은 만족합니다!"라고 대답했습니다.

그리고 그들이 "그렇지만 형제님! 하나님께서 그런 고통을 10년만 더 감수하라고 말씀하신다면 그래도 지금처럼 이렇게 만족하며 평온할 수 있겠습니까?"라고 되물으면, 그는 "물론입니다. 10년이 아니라 심판 날까지 이 고통을 안고 살라 하신다고 해도 기꺼이 만족할 것입니다. 그리고 언제나 만족할 수 있도록 은혜 주시기를 소망할 것입니다"라고 대답했습니다.

이것이 바로 로렌스 형제가 세 번째 질병으로 침상에 누워 세상을 떠날 때까지 나흘 동안 보인 인내의 모습입니다.

변치 않는 하나님의 사람

세상을 떠날 시간이 점점 다가올수록 그의 열정은 더욱 증대되었습니다. 그의 믿음은 한층 더 활력을 띠었고, 소망은 더욱 견고해졌으며, 사랑은 더 뜨겁게 타올랐습니다.

그는 활기찬 믿음에 상응하는 견고한 소망을 가지고 있었습니다. 그는 두려워할 것밖에 없는 상황에서도 대단한 용기를 보였고, 두려움에 대해 묻는 한 형제에게 죽음이나 지옥이나 하나님의 심판이나 마귀의 모든 계략이 전혀 두렵지 않다고 대답했습니다. 심지어 그는 마귀가 그의 침상 주변을 맴도는 것을 실제로 보았지만 비웃었습니다.

그는 모든 것을 하나님께 철저히 의탁하여 자신에 대해서는 까맣게 잊고, 오로지 하나님과 하나님의 뜻을 이루는 것만 생각하여 종종 이렇게 말했습니다.

"가능성은 거의 없는 일이지만, 만일 사람이 지옥에서도 하나님을 사랑할 수 있다면, 그런데 하나님께서 제가 그곳에 가기를 바라신다면, 저는 조금도 걱정하지 않고 기쁘게 가겠습니다. 왜냐하면 하나님께서 그곳에서도 저와 함께 계실 것이며, 하나님께서 그곳에 계신다는 사실 자체가 그곳을 낙원으로 만들 것이기 때문입니다. 저는 하나님께 모든 것을 의탁하였습니다. 그러니 하나님께서 기쁘신 뜻대로 저에게 행하실 것입니다."

로렌스 형제는 건강할 때도 하나님을 열심히 사랑했지만 마지막 죽는 순간에도 똑같이 하나님을 열심히 사랑했습니다. 그는 병상에 누워서도 하나님을 향한 사랑을 멈추지 않았습니다. 어떤 수도사가 지금도 여전히 마음을 다해 하나님을 사랑하느냐고 질문했을 때 그는 이렇게 대답했습니다.

"오! 제 마음이 지금 하나님을 사랑하지 않는다면, 이 순간에 산산이 찢어버릴 것입니다."

사랑이 많은 수도원 형제들은 병상에 누운 로렌스 형제를 밤낮으로 정성껏 보살폈지만, 그는 귀하고도 귀한 삶의 마지막 순간까지 유익을 얻고 또 하나님께서 그에게 주신 말할 수 없는 은혜에 대해 묵상할 수 있도록 잠깐씩 혼자 있는 시간을 갖게 해달라고 청했습니다. 그리고 그런 순간들을 매우 유익하게 활용하여 마지막 순간까지 하나님을 향한 사랑의 마음을 잃지 않게 해달라고 기도했습니다.

오로지 하나님을 찬양하고 사랑하라

한 형제가 그런 시간에 무엇을 하며 또 무엇이 그의 마음을 차지하는지 질문했을 때 그는 이렇게 대답했습니다.

"앞으로 영원히 행하게 될 일을 하고 있습니다. 온 마음을 다하여 하나님을 찬양하며 경배하며 예배하며 사랑하는 것입니다. 형제여! 오로지 하나님을 찬양하고 사랑하며 나머지 것은 아무것도 염려하지 않는 것, 이것이야말로 우리의 모든 소명과 의무의 본질이 아니겠습니까?"

어떤 수도사가 로렌스 형제의 기도 능력을 칭찬하며 자기도 참된 기도의 영을 받을 수 있도록 하나님께 기도해달라고 청했을 때, 로렌스 형제는 기도의 영을 받기에 합당한 사람이 되려면 하나님의 뜻에 순종해야 하며 자신이 감당해야 할 몫을 해야 한다고 말했습니다. 로렌스 형제의 마지막 모습과 그가 마지막으로 남긴 말들은 여기까지입니다.

그 다음 날 1691년 2월 12일 월요일 오전 9시, 로렌스 형제는 아무런 요동 없이 맑은 정신을 잃지도 않고 세상을 떠나 주님의 품에 안겼고, 편안히 잠든 사람처럼 고요하고 평온하게 자기 영혼을 하나님께 의탁했으며, 괴로운 세상살이를 떠나 행복한 천국으로 들어갔습니다. 거룩한 삶을 살다가 세상을 떠난 사람, 로렌스 형제에게 그런 일 말고 다른 일이 일어났을 것이라고 어찌 생각할 수가 있겠습니까? 우리는 하나님께서 그의 죽음을 귀히 여기셨다고 확신할 수 있습니다. 그가 눈을 감자마자 곧 영원한 상급을 받았고 지금은 다른 성도들과 함께 하나님의 영광의 임재 안에 거하고 있다고 분명히 말씀드릴 수 있습니다. 이는 고인(故人)에 대한 입에 발린 칭송이 결코 아닙니다. 그의 믿음은 천국을 분명히 보는 상급을, 그의 소망은 천국을 영원히 소유하는 상급을, 그의 사랑은 천국의 완성된 사랑을 받는 상급을 받았을 것입니다.

하나님 임재 연습

초판 1쇄 발행	2008년 4월 28일
초판 34쇄 발행	2025년 4월 1일
지은이	로렌스 형제
옮긴이	배웅준
그린이	김금복
펴낸이	여진구
책임편집	이영주
편집	박소영 최현수 구주은 안수경 김도연 김아진 정아혜
책임디자인	마영애 노지현 조은혜 정은혜
홍보 · 외서	진효지
마케팅	김상순 강성민
마케팅지원	최영배 정나영
제작	조영석 허병용
경영지원	김혜경 김경희

303비전성경암송학교 유니게 과정
이슬비전도학교 / 303비전성경암송학교 / 303비전꿈나무장학회

펴낸곳　규장

주소　06770 서울시 서초구 매헌로 16길 20(양재2동) 규장선교센터
전화 02)578-0003　팩스 02)578-7332
이메일 kyujang0691@gmail.com　　홈페이지 www.kyujang.com
페이스북 facebook.com/kyujangbook　　인스타그램 instagram.com/kyujang_com
카카오스토리 story.kakao.com/kyujangbook
등록일 1978.8.14. 제1-22

ⓒ 한국어 판권은 규장에 있습니다.
이 출판물은 저작권법에 의해 보호를 받는 저작물이므로 무단 전재와 무단 복제를 할 수 없습니다.

책값　뒤표지에 있습니다.
ISBN 978-89-6097-053-3 03230

규 | 장 | 수 | 칙

1. 기도로 기획하고 기도로 제작한다.
2. 오직 그리스도의 성품을 사모하는 독자가 원하고 필요로 하는 책만을 출판한다.
3. 한 활자 한 문장에 온 정성을 쏟는다.
4. 성실과 정확을 생명으로 삼고 일한다.
5. 긍정적이며 적극적인 신앙과 신행일치에의 안내자의 사명을 다한다.
6. 충고와 조언을 항상 감사로 경청한다.
7. 지상목표는 문서선교에 있다.

하나님을 사랑하는 자 곧 그의 뜻대로 부르심을 입은 자들에게는 모든 것이 合力하여 善을 이루느니라(롬 8:28)

Member of the
Evangelical Christian
Publishers Association

규장은 문서를 통해 복음전파와 신앙교육에 주력하는 국제적 출판사들의 협의체인 복음주의출판협회(E.C.P.A:Evangelical Christian Publishers Association)의 출판정신에 동참하는 회원(Associate Member)입니다.